共通テスト

新課程 攻略問題集

英語 リスニング

JN022820

教学社

🎧 音声配信のご案内

　本書に掲載のリスニングテストの音声は，音声専用サイトにて配信（ストリーミング・ダウンロード）しております。

　サイトへは下記アドレスまたは QR コードからアクセスしてください。

4 段階でスピード調整ができる！

http://akahon.net/kplus/k-listening/

推奨 OS・ブラウザ

▶ **PC**　　Microsoft Edge[※] ／ Google Chrome[※] ／ Mozilla Firefox[※] ／ Apple Safari[※]
▶ **スマートフォン・タブレット**　　Android 4.4 以上 ／ iOS 9 以上

※**最新版（2023 年 6 月現在）**

使用上の注意点

- 音声はダウンロードすることも可能です。ファイルは zip 形式のため，解凍ソフトにて解凍の上，ご使用ください。また，音声データは MP3 形式です。ダウンロードした音声の再生には MP3 を再生できる機器をご使用ください。ご使用の機器や音声再生ソフト，インターネット環境などに関するご質問につきましては，当社では対応いたしかねます。各製品のメーカーまでお尋ねください。
- 当サイトのご利用やダウンロードにかかる通信料は，お客様のご負担となります。
- 当サイトの内容やサービスは，予告なしに変更・中断・中止される場合があります。利用ができなかった場合に損害が生じたとしても，当社は一切の責任を負いかねます。あらかじめご了承ください。

※ QR コードは株式会社デンソーウェーブの登録商標です。

はじめに

『共通テスト新課程攻略問題集』刊行に寄せて

　本書は，2025年1月以降に「大学入学共通テスト」（以下，共通テスト）を受験する人のための，基礎からわかる，対策問題集です。

　2025年度の入試から新課程入試が始まります。共通テストにおいても，教科・科目が再編成されますが，2022年に高校に進学した人は，1年生のうちから既に新課程で学んでいますので，まずは普段の学習を基本にしましょう。

　新課程の共通テストで特に重視されるのは，「思考力」です。単に知識があるかどうかではなく，知識を使って考えることができるかどうかが問われます。また，学習の過程を意識した身近な場面設定が多く見られ，複数の資料を読み取るなどの特徴もあります。とは言え，これらの特徴は，2021年度からの共通テストや，その前身の大学入試センター試験（以下，センター試験）の出題の傾向を引き継ぐ形です。

　そこで本書では，必要以上にテストの変化にたじろぐことなく，落ち着いて新課程の対策が始められるよう，大学入試センターから公表された資料等を詳細に分析し，対策に最適な問題を精選しています。そして，初歩から実戦レベルまで，効率よく演習できるよう，分類・配列にも工夫を施しています。早速，本書を開いて，今日から対策を始めましょう！

　受験生の皆さんにとって本書が，共通テストへ向けた攻略の着実な一歩となることを願っています。

教学社 編集部

監修・執筆	山添 玉基（河合塾 英語科講師）
作題・英文校閲	Ross Tulloch（清秀中学校・高等部 英語科教諭）
執筆協力	武知 千津子，鎌倉 友未
音声作成	一般財団法人 英語教育協議会（ELEC）
イラスト※	山本 篤　※本書オリジナル問題用

もくじ

はじめに ……………………………………………………………………………………… 3

本書の特長と使い方 ……………………………………………………………………… 5

分析と対策 …………………………………………………………………………………… 6

第0章 リスニングが苦手な原因を探ろう………………………………………………… 14

	アプローチ	演習問題	解答解説
第1章 情報を選び出す	18	26	49
第2章 つながりを理解する	82	90	95
第3章 推測する	110	115	124
第4章 複数の資料の関連性を理解する	150	159	182

※本書に収載している，共通テストに関する〔正解・配点・平均点〕は，大学入試センターから公表されたものです。

※大学入試センターからの公開資料等について，本書では下記のように示しています。

　・**試作問題**：[新課程] でのテストに向けて，2022年11月に一部の科目で作問の方向性を示すものとして公表されたテストの全体または一部。

　・**プレテスト**：「センター試験」から「共通テスト」へ変更する際，2017・2018年度に実施された試行調査。

　　→なお，共通テストは2021年度から。それ以前はセンター試験（1990〜2020年度）。

※共通テストに即した対策ができるよう，一部の演習問題は，大学入試センターの許可を得て，プレテストやセンター試験の過去問をもとに，アレンジしています。

※リスニングの第1回プレテストには，放送回数がすべて2回のバージョンAと放送回数が1回と2回が混在しているバージョンBがあります。本書では，より問題数が多く放送回数にもバリエーションがあるバージョンBのみを取り上げます。

※本書の内容は，2023年6月時点の情報に基づいています。最新情報については，大学入試センターのウェブサイト（https://www.dnc.ac.jp/）等で，必ず確認してください。

本書の特長と使い方

　本書は，2025年1月以降に大学入学共通テストを受験する人のための対策問題集です。この年から，共通テストで出題される内容が新しい学習指導要領（以下「新課程」）に則したものに変わります。それに向けて，発表されている資料を徹底分析するとともに，その結果に基づいて，共通テストに向けて取り組んでおきたい過去問を精選し，解説しています。

››› 新課程に向けた基本知識を身につける

　本書では，新課程における共通テスト「英語」の問題について，大学入試センターが公表している問題作成の方針から読み取れる特徴を徹底的に分析し，その対策において重要な点を詳しく説明しています（→**「分析と対策」**）。〈リーディング〉と〈リスニング〉は，切り離しては考えられないものなので，**分析と対策**では両方を取り上げています。

››› 演習問題で思考力を高める

　本書では，演習問題として，共通テストと，その前身であるセンター試験の過去問から，新課程で問われる内容の特徴が強く現れている問題を選定・アレンジして収載しています。いずれも「思考力」を養うことができる良問です。問題に取り組むことで，共通テストの傾向をより深く知ることができます。

››› 本書の活用法

　各章，共通テストで求められる力ごとに，演習問題を解き，基礎的な力をつけます。第4章は，共通テストの中でもより特徴的かつ難度の高い「複数の資料の関連性を理解する」問題を取り上げています。総合的な力が求められることが多い問題のため，第4章は，第1章から第3章で学んだことの総仕上げとも言えます。第1章から第3章をしっかりと仕上げた上で，第4章に取り組みましょう。

　さらに演習を重ねたい人は，本書を終えた後に過去問集に取り組むことをおすすめします。迷わずに正答にたどり着ける実力が養成されていることが実感できるでしょう。

分析と対策

　共通テストの英語の出題は，どのような特徴があるのでしょうか。概略を押さえて，共通テストの方向性をつかみましょう。

■ 共通テスト「英語」特徴

◆ 思考力・判断力を重視

　一定の基礎知識があることを前提に，思考力・判断力を問う問題が出題されています。語彙や文法を直接問う問題は出題されていませんが，知識がなくても良い，という意味ではありません。単語や熟語，文法や構文の知識を明示的に問うのではなく，読解問題やリスニング問題のなかで，そうした知識を正確に運用して解答できるかどうかが問われています。特に，「要約」「複数の情報の比較とまとめ」「推測」といった力が問われる問題が多く，選択肢と本文との言い換えにも注意して解答しなくてはなりません。

▶▶▶ 共通テストの英語で必要とされる「思考力・判断力」とは？

　文部科学省による「学力の3要素」（①知識・技能，②思考力・判断力・表現力，③主体性・多様性・協働性）のうち，②の「思考力・判断力・表現力」について，英語では下記のような能力が問われていると考えられます。

【英語の思考力・判断力・表現力】

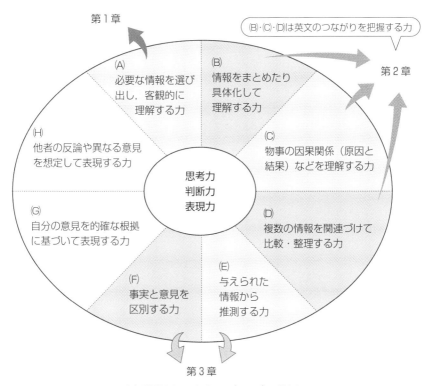

第1章

Ⓑ・Ⓒ・Ⓓは英文のつながりを把握する力

第2章

Ⓐ 必要な情報を選び出し，客観的に理解する力

Ⓑ 情報をまとめたり具体化して理解する力

Ⓗ 他者の反論や異なる意見を想定して表現する力

Ⓒ 物事の因果関係（原因と結果）などを理解する力

思考力
判断力
表現力

Ⓖ 自分の意見を的確な根拠に基づいて表現する力

Ⓓ 複数の情報を関連づけて比較・整理する力

Ⓕ 事実と意見を区別する力

Ⓔ 与えられた情報から推測する力

第3章

※Ⓕは設問としては〈リーディング〉で問われる。

　このうち，共通テストで主に問われるのはⒶ〜Ⓕの力です。本書は，共通テストの特徴的な問題や，それらを元にしてセンター試験の過去問をアレンジした問題，および本書オリジナル問題を使って，上記の共通テストで求められる力をつけられるよう，構成されています。

> **第1章：情報を選び出す**…Ⓐの力をつける
> **第2章：つながりを理解する**…Ⓑ・Ⓒ・Ⓓの力をつける
> **第3章：推測する**…Ⓔの力をつける
> **第4章：複数の資料の関連性を理解する**…第1章〜第3章の力，Ⓐ〜Ⓔ
> 　　　　　　　　　　　　　　　　　　　の力を総合的に試す

◆ 高校生・大学生の日常生活を想定した場面設定

　授業を聞いてワークシートを埋めたり，発表のために資料から情報を集めて整理したり，学生生活に必要なものを揃えるために調べものをする，といった，高校生や大学生の日常生活に関連したテーマの英文が主に出題されています。また，リーディングでは**「意見と事実を区別する問題」**のように，レポートや論文を書くといった「アウトプット」のために必要だと思われることも問われています。

◆ リーディングでは「大量の情報を素早く処理する」能力が求められている

　80分の試験時間で選択肢を含めて6000語以上の英文・資料を読んで解答することが求められているため，英文を速く正確に読んで情報を整理する力が必要です。また，設問によっては複数の資料（英文，グラフ，図表など）の情報を見比べて解答することが求められており，「思考力・判断力」に加え，**「情報処理能力」**と呼ぶべき能力が問われていると言えます。さらに，似たような形式の問題を繰り返し出題したり，かなり細かいところまで注意しないと解答できない問題もあることから，学力以外の要素として**「注意力・集中力・忍耐力」**まで必要とされているようにも思えます。

◆ リスニングでは多様な出題形式で知識・技能・思考力・判断力が試される

　モノローグ，会話，複数人の意見，グラフ・図表・ワークシートなど，様々な形式の問題が出題されています。また，文法的に正しく聞き取って選択肢を判別し，解答することが求められる**「音声による文法問題」**も出題されています。

>>> 例：第1回プレテスト〈リスニング〉第1問B問6

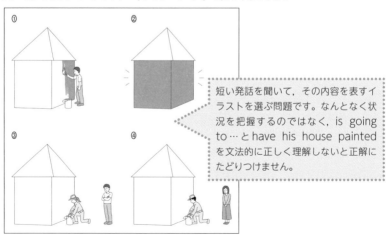

短い発話を聞いて，その内容を表すイラストを選ぶ問題です。なんとなく状況を把握するのではなく，is going to … と have his house painted を文法的に正しく理解しないと正解にたどりつけません。

◆ 英語の多様性を意識した問題

　センター試験ではアメリカ英語での出題でしたが，共通テストではそれに加えてイギリス英語での出題もなされています。その知識そのものが解答に影響することはありませんが，英文を読んで理解するうえで知っておくと迷うことが少なくなるはずです。

▶▶▶ 例1：2022年度本試験〈リーディング〉第2問A

On the ground floor there are some TVs for watching the library's videos.
「1階には図書館のビデオを見るためのテレビが何台かあります」

> the ground floor → イギリス英語では建物の階数を示す際，1階＝the ground floor，2階＝the first floor となります。

▶▶▶ 例2：2022年度本試験〈リーディング〉第2問B

It may be difficult to <u>organise</u> care for them; 25% of owners take their pets on holidays or road trips.
「ペットの世話を手配するのが難しいこともあります。飼い主の25パーセントは，休暇や自動車旅行にペットを連れて行きます」

> organise → アメリカ英語で -ize と終わる語が，イギリス英語では -ise という綴りになります。organise はアメリカ英語では organize のことです。

■ 問題構成

　共通テストの英語の問題は，リーディング（80分・100点満点）とリスニング（30分＊・100点満点）から成り立っています（＊機器の設定などを含めたリスニング全体の時間は60分）。

共通テストの出題形式 （2023年度本試験）

〈リーディング〉
- ☑ すべて読解問題
- ☑ 文法が読解問題の中で問われる
- ☑ 設問文がすべて英語

〈リスニング〉
- ☑ 1回読みの問題と2回読みの問題がある
- ☑ 文法の理解を直接問う問題がある
- ☑ 図や資料が多い

リーディング				リスニング			
全問マーク式	解答数	配点		全問マーク式	解答数	配点	放送回数
試験時間：80分	49	100		解答時間：30分	37	100	
短文の読解	5	10	第1問	短い発話	7	25	2
資料・短文の読解	10	20	第2問	短い対話	4	16	2
随筆的な文章の読解	8	15	第3問	短い対話	6	18	1
説明的な文章・資料の読解	6	16	第4問	モノローグ	9	12	1
伝記的な文章の読解	9	15	第5問	長めのモノローグ	7	15	1
説明的な文章・資料の読解	11	24	第6問	長めの対話・議論	4	14	1

◆ 難易度

　共通テストでは，リスニング，リーディングともに，**後半に行くほど英文自体の難度も少しずつ上がる**ように作られています。

　リーディングについては，**英文そのものの難度は全体的に易しめ**ですが，後半に行くほど英文が長く情報量も多くなり，かつ，**正解の選択肢も本文の内容を巧妙に言い換えている**ため，選択肢を判別することが難しい問題も見受けられます。

　リスニングも，後半の問題の情報量が多く，特に**第5問**は，1つの読み上げ英文に対する設問数が多く，資料との照合作業も必要なため，その分やるべきことが増えます。設問としての**難度はかなり高い**と言えます。

出題内容 〈リーディング〉

		2023 年度本試験		2022 年度本試験	
		英文の内容	文章の種類	英文の内容	文章の種類
第1問	A	演劇の上演	公演に関するチラシ	デザートに使う果物	料理本（資料）
	B	夏期英語集中合宿	ウェブサイト	赤ちゃんキリンの名前の公募	ウェブサイト
第2問	A	靴の広告	ウェブサイト上の広告	図書館利用案内	説明とコメント
	B	通学時間の効果的な使い方	取り組みのレポート	ペットは私たちに何を与えるのか	学校新聞の記事
第3問	A	快適なキャンプのための助言	ニュースレター	外国人の見た日本文化	ブログとイラスト
	B	アドベンチャー・ルーム作成のヒント	ブログ	登山チャレンジの経験	登山雑誌の記事
第4問		効果的な学習法	2つの記事	新入生向け家電購入のヒント	2つのブログ記事（中古店と価格比較表）
第5問		卓球から得た教訓	高校生が書いた話＋プレゼン用メモ	テレビの発明者に関する調査	記事＋プレゼン用メモ
第6問	A	ものの収集	記事（説明的な文章）＋要約メモ	1日の時間がどのように人に影響するか	記事（説明的な文章）＋要約メモ
	B	地上最強の生物	説明的な文章＋プレゼン用スライド	環境を保護するために私たちが知っておくべきこと	記事（説明的な文章）＋プレゼン用ポスターの草稿

◆ リーディングの時間配分

　80 分ではなく **75 分で練習する**ことを心がけてください。**時間配分については，まずページ数で単純計算**します。たとえば 2023 年度本試験では問題は 34 ページありましたから，「75÷34 ≒ 2.2 分／1 ページ」となります。しかし，後半に行くほど英文の難度も上がり，設問も難しくなりますから，前半は小数点以下を切り捨て，後半は前半で切り捨てた分を追加して計算します。

第1問	A	2 ページ	4.4 分→**4 分**
	B	2 ページ	4.4 分→**4 分**
第2問	A	3 ページ	6.6 分→**6 分**
	B	3 ページ	6.6 分→**6 分**
第3問	A	2 ページ	4.4 分→**4 分**
	B	3 ページ	6.6 分→**6 分**
第4問		4 ページ	8.8 分→**9 分**
第5問		5 ページ	11 分→**12 分**
第6問	A	5 ページ	11 分→**12 分**
	B	5 ページ	11 分→**12 分**

　もちろん，これはあくまでも単純計算した目安にすぎません。**前半の問題でできるだけ時間を短縮し，余った時間を後半の問題に回す**ようにその都度調整しながら解答することが必要です。

出題内容〈リスニング〉

		詳細	放送英文の内容 （2023 年度本試験）	放送英文の内容 （2022 年度本試験）
第1問	A	短い発話を聞いて同意文を選ぶ		
	B	短い発話を聞いて内容に合うイラストを選ぶ		
第2問		短い対話と問いを聞いてイラストを選ぶ		
第3問		短い対話を聞いて問いに答える		
第4問	A	モノローグを聞いて図表を完成させる	仕事選びの基準となる項目，コンテストの結果と賞品	楽しい思い出，寄付品の分類
	B	複数の情報を聞いて条件に合うものを選ぶ	生徒会会長選挙の候補者の演説	書籍の説明
第5問		講義の内容と図表の情報を使って問いに答える	アジアゾウを取り巻く問題，人間とゾウの死亡に関するスリランカの現状	新しい働き方に関する講義，ギグ・ワークに関する上位国の比較
第6問	A	対話を聞いて要点を把握する	一人ハイキング	料理への取り組み方
	B	複数の意見（会話や議論）を聞いて問いに答える	就職後はどこに住むか	環境保護と地元の経済

◆ リスニングの時間配分

　リスニングの場合，リーディングと違って自分で試験の時間配分を自由に設定することはできませんが，**1つの問題を解き終えたら，そこで立ち止まったりぐずぐずと考え込んだりせずに，次の問題へと頭を切り替えましょう。**解き終えた後の余った時間に，次の設問をチェックして，問題冊子からできるだけ多くの情報を引き出しておく必要があります。そうすることで，たとえ十数秒であっても時間的余裕をもって次の設問に取り組むことができます。

新課程に向けて

　2022 年に公表された試作問題では，**リーディングで「文と文のつながり」や「段落のまとまり」を考えさせる問題**が出されました。ただし，同様の出題意図の問題は過去にセンター試験でも出題されています。また，1つのテーマについて**複数の英文の情報を連動させて考えさせる問題**も出題されていました。与えられる資料の数や種類は増えますが，過去問の発展形と言えるので特殊な対策は必要なく，過去問で複数資料の問題に慣れておけば問題ありません。

　リスニングについては，既存の第5問をわずかに改訂した問題のみが公表されました。これによると，既存の第5問に比べて試作問題の第5問では問題冊子に与えられる情報がやや減少し，その分，音声情報だけを用いて情報を把握しなければならない問題が見受けられたため，**難度がやや高くなる可能性**があります。

　他の問題についても，徐々に形式を変化させる可能性は考えられますが，試される力は，これまでと同様に，学校で学んで身につけられる範囲のもののはずです。どのような形式の問題が出題されても驚かないよう，心づもりをしておきましょう。

山添玉基先生から，受験生の皆さんへ
― 応援メッセージ ―

　共通テストの英語で高得点をあげるには，まず，**語彙力の増強と文法的に正しく英文を読んだり聞いたりする力を養うこと**が欠かせません。分量が多いリーディングでは「速読できる楽な方法があるのではないか」と思いがちですが，残念ながらそうした方法はありませんし，「これさえ知っておけば高得点が取れる！」といったいわゆる「受験テクニック」も存在しません。ただひたすらに，**正確に読み（聞き），正確に考え，正確に解くこと**しかないのです。それこそが攻略の王道，かつ最短経路なのです。

　そして，その際，**最も役に立つのが過去問**です。共通テストそのものの過去問はプレテストを含めてもまだわずかですが，センター試験の過去問の中にも共通テストに引き継がれている形式や内容のものがあります。そこで，本書では，主に共通テストとセンター試験の過去問を通して，共通テストのために身につけるべき力について解説しています。本書を通じて，共通テストに必要な基礎学力を養ってください。

You can make it!!

第0章　リスニングが苦手な原因を探ろう

　リスニングが苦手な人は，まず，自分がどの段階でつまずいているのかを把握することから始めましょう。以下のチャートで原因を分析してみましょう。

◆◆［1］音声を聞いて内容が理解できるか？
　ⓐ できない → ［2］へ
　ⓑ できる　 → ［3］へ

◆◆［2］読み上げられた英文のスクリプト（文字）を読んで理解できるか？
　ⓐ できない → 原因：単語・熟語・構文の基礎知識が欠けている。
　　対処法：まずは単語や熟語の意味を習得し，文法の知識を養おう。文字を
　　読んで理解できるようになったら，音声でも理解できるよう英文を繰り返し
　　聞き，ⓑも参考に音読を。
　ⓑ できる　 → 原因：文字情報と音声がつながっていない。
　　対処法：なぜ聞き取れなかったか，その原因を知る。
　　>>>英語の音声が聞き取りにくい主な原因
　　①そもそも単語の発音がわかっていない。
　　　→まず，単語の発音を正確に覚えよう。
　　②単語と単語がつながって読まれる（Linking と呼ばれる現象）。
　　　例：He ate an apple.（an の n と apple の a がつながる）
　　③発音される音の数が減る（Reduction と呼ばれる現象）。
　　　[b][p][k][g][t][d] が語尾にある場合，その破裂音はほとんど聞こえ
　　　ない。
　　　例：Have a good day.（「グッデイ」とくっついて聞こえる）
　　④音が変化する（Flapping と呼ばれる現象）。
　　　母音に挟まれた [t] の音が [l] や [d] に聞こえる。
　　　例：Let it go.（「レリゴー」と聞こえる）
　　⑤機能語（接続詞，代名詞，冠詞，関係詞，前置詞など）は原則として弱
　　　音で発音されるため，音の数が減って短く発音される。
　　　例：It was warm yesterday.（It の t はほとんど聞こえない）
　　⑥ nt の t の音がなくなる。
　　　例：There were about twenty boys in the park.（「トゥエニー」と聞
　　　こえる）

⑦そもそも日本語の音と英語の音とで数が異なり，音が聞き取りづらい。

　　例：日本語の「デスク」は「デ・ス・ク」の３つの音のかたまりとして
　　　　認識されるが，英語の desk は１音節のみ。

　　→日ごろから②〜⑦を意識し，１語ずつではなく「フレーズ」として音
　　　読する練習を。

◆◆ ［３］設問は解けるか？

(a) 解ける → その調子で！

(b) 解けない

　対処法：なぜ解けなかったか，その原因を探る。

>>>解けない原因

①選択肢の英文の解釈が誤っていた（または，わからなかった）。

②選択肢の英文を読むのに時間がかかりすぎた。

　→①・②とも英語の基本的な知識不足が原因の場合が多いので，欠けて
　　いるものを補強しましょう。

③聞けたつもりでも，聞いた英文の内容を勘違いしていた。

　→場面や文脈に合った解釈が必要です。

　リスニングは単に音声を聞き流しているだけでは力はつきません。**必ず自分の口で音読しながら，英語の音に慣れましょう。**また，外国語である以上，より強く意味に意識を払って聞くことも必要です。その分集中力が要求されます。

　なお，音読する際は以下の注意事項も参考にしてください。

■ 音読練習の際の注意事項

①ネイティブスピーカーが吹き込んだ音声を聞き，スクリプトに息の切れ目で「／（スラッシュ）」を入れる。

　→スラッシュで区切った切れ目までのかたまり（「チャンク」と呼ばれる）を一息で読めるようにすること。

②先に述べた Linking，Reduction，Flapping などの「英語の音声が聞き取りにくい主な原因」を意識して読む。

③「自分は今，何を相手に伝えようとしているのか」を考え，**意味を意識し，棒読み**にならず，感情をこめて**抑揚をつけて読む。**

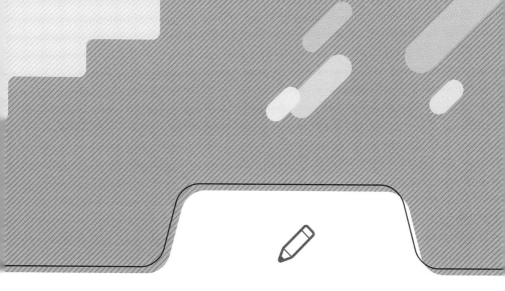

第1章

情報を選び出す

 音声について

本章に収載している問題の音声は，下記の音声専用サイトで配信しております。

http://akahon.net/kplus/k-listening/

アプローチ

　本章では，「設問の指示に従って，本文から必要な情報を選び出し，選択肢の内容と照合する能力」を養います。これは基本的にすべての問題に共通して必要な能力で，ごくあたりまえのことではありますが，単語・熟語・文法・構文の正確な知識をもとに，放送された英文から，必要な情報を聞き取る能力はどの問題を解くうえでも肝要です。ここでしっかり練習をして，リスニング問題への取り組み方の基礎を学んでいきましょう。

　問題を解く際の基本的な手順は以下の通りです。

① 設問文を先に見て「何が問われているか」を把握したうえで問題を聞く。

② 設問文がない場合，また選択肢がイラストや短い文の場合は，選択肢を概観して「どんな情報が必要になりそうか」を可能な限り予測しておく。

• 選択肢については全文を丁寧に読む余裕がない場合，名詞（句）だけでもチェックしておく。特に固有名詞は必ずチェックしておくこと。

• 選択肢に数字が含まれる場合，何らかの計算が求められることが多いため，数値を意識して聞く。なお，読み上げられる英文が長い場合，計算は後回しにして聞くことに集中し，数値だけ簡潔にメモしておく。

例題 1

対話とそれについての問いを聞き，その答えとして最も適切なものを，四つの選択肢（①〜④）のうちから一つ選びなさい。**音声は2回流れます**。

居間でクリスマスツリーの置き場所について話をしています。

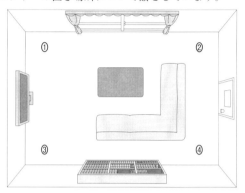

〔第2回プレテスト　第2問　問1〕

日本語の説明とイラストを先に見て，必要になりそうな情報を予測しておく。

✔ 「クリスマスツリーの置き場所」が問われる可能性が高い。

✔ 位置関係を表す表現に注意。

▶設定から，クリスマスツリーをどこに置くかの話し合いがなされると予測できます。部屋にあるもの（television / sofa / bookshelf / door / window）が読み上げられることと，位置関係について読み上げられる可能性を考慮しましょう。

放送内容　《ツリーの置き場所》

M : How about there, near the bookshelf?

W : I'd prefer it by the window.

M : OK. Right here, then?

W : No, that's too close to the TV. I think the other corner would be better.

Question : Where does the woman want to put the Christmas tree?

訳　男性：そこらへんはどうかな？　本棚の近く。
　　女性：私は窓のそばにある方がいいと思うわ。

男性：わかった。じゃあ，ここだね？
女性：いいえ，<u>それじゃあテレビに近すぎるわ。反対側の角の方がいいと思うわ。</u>

質問：女性はクリスマスツリーをどこに置きたがっているか。

▶この問題では，上の英文の下線部の情報に基づき，②が正解とわかります。女性の
1回目の発話の it はクリスマスツリーのことを指していると解釈する必要があり
ます。また，今回の問題では the other corner が「テレビと反対側の角」のこと
であるという判断も必要でした。

NOTE 指示語が指す内容を把握しよう！
　　文字でも音声でも，指示語を用いている場合は指示語が指す内容を正しく把握するこ
とが重要です。英語を聞き取るうえでは，こういった点にも気をつけましょう。

　以上のように，聞こえる英文から必要な情報を選び出すためには，POINT で示し
た通り，事前に設問文やイラストなどの提示されている情報に目を通しておくことが
カギとなります。この作業は，イラストや図表が多用される共通テストでは，一層効
果を発揮するでしょう。

例題 2

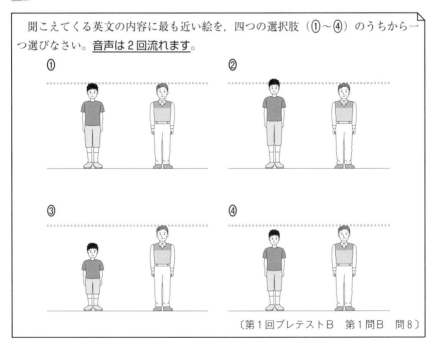

〔第1回プレテストB　第1問B　問8〕

イラストを先に見て，違いを確認しておく。

✔ 登場人物：男の子と大人の男性

✔ 二人の背の高さ：同じ高さ／男の子の方が高い／男性の方が高い

▶男の子と大人の男性，二人の背の高さを比べる英文だと予測できます。

放送内容 The boy is almost as tall as his father.

訳 少年はもう少しで父と同じ背の高さだ。

▶〈as＋形容詞＋as *A*〉で「*A* と同じくらい〜」の意味ですが，as の前に almost 「ほとんど，ほぼ〜の一歩手前」という語が聞こえることから，イラスト中の二人の背の高さがほぼ同じで少年が少し低い④を選びます。almost は「一歩手前，もう少しで」という意味のため，②ではないことに気をつけてください。ここで用いられている表現は決して難しいものではありませんが，この問題の正答率は 9.9% と非常に低く，almost が持つ「もう少しで」という意味を理解できていない受験生が多かったのではないかと考えられます。

NOTE 文法問題を音読する

共通テストでは，このようにリスニングで文法・語法の知識が問われる問題が出題されています。日ごろ，文法の問題集を解きながら「これが音声で読み上げられた時に頭の中で正しく解釈できるだろうか」ということを意識し，音読しましょう。

例題3

　あなたは海外インターンシップで旅行代理店の手伝いをしています。ツアーの料金についての説明を聞き，下の表の四つの空欄 1 ～ 4 にあてはめるのに最も適切なものを，五つの選択肢（①～⑤）のうちから一つずつ選びなさい。選択肢は2回以上使ってもかまいません。**音声は1回流れます**。

① $50　② $70　③ $100　④ $150　⑤ $200

Tour		Time (minutes)	Price
Hiking	Course A	30	1
	Course B	80	2
Picnicking	Course C	60	
	Course D	90	3
Mountain Climbing	Course E	120	4
	Course F	300	

〔第2回プレテスト　第4問A　問2〕

> ① 日本語の説明・図表・選択肢を見て，図表の内容を把握し，必要になりそうな情報を予測しておく。
> ✔ 数値が読み上げられる可能性が高い。
> ✔ 数値が読み上げられる場合，何らかの計算をさせられる可能性がある。
> ② 聞きながら図表の空欄の横にメモを取る。

▶ この問題では**メモの取り方を工夫する**ことが重要です。「1 時間までは 70 ドル」と言われたら〈$70／〜 1 H〉，「60 分以上 90 分までのツアーは 100 ドル」と言われたら〈$100／60-90 min〉，「90 分を超えると 1 時間ごとに 50 ドルずつ加算」と言われたら，〈90〜／＋$50/H〉というように，ごく簡単なメモを書いておき，計算はすべて聞き終えてからにしましょう。

放送内容 《ツアー料金》

  This is the list of outdoor tours that we offer. I haven't filled in the price column yet, so could you help me complete it? The prices depend on how long each tour is. <u>The price is 70 dollars for tours up to one hour</u> ... and <u>100 dollars for tours over 60 minutes up to 90 minutes</u>. <u>We charge 50 dollars for each additional hour over 90 minutes</u>.

訳　　これが私たちが提供しているアウトドアツアーのリストです。まだ料金欄の記入をしていませんので，それを完成させるのを手伝ってもらえますか？　料金はそれぞれのツアーの所要時間によります。<u>1 時間までのツアー料金は 70 ドルで</u>…<u>60 分から 90 分のツアーは 100 ドルです。90 分を超える場合は 1 時間ごとに 50 ドルずつ追加料金がかかります</u>。

▶ この問題では，上の英文の下線部の情報に基づき，　1　が②，　2　が③，　3　が③，　4　が④が正解とわかります。

▶ なお，本問の場合，当然ながら，fill in 〜「〜に記入する」，depend on 〜「〜次第である」，up to 〜「〜まで」，charge「〜を請求する」といった語句の意味を正確に覚え，それを音声と結び付けて学習していかなくてはなりません。

NOTE 単語と音声を結び付けて学習しよう！

　　知っている単語でも音声になると聞き取りが難しいということがよくあります。辞書を使って発音を調べたうえで実際に自分の口で発音したり，英文の音声をまねて発音したりするなど，毎日の地道な努力と練習が欠かせません。

例題 4

　以下の問いについて，聞こえてくる英文の内容に最も近い意味のものを，四つの選択肢（①〜④）のうちから一つ選びなさい。**音声は 2 回流れます。**

① The speaker is an English teacher.
② The speaker must study a lot.
③ The speaker needs to study outside of Japan.
④ The speaker teaches English abroad.

〔第 2 回プレテスト　第 1 問 A　問 4〕

---

① 選択肢に目を通して，特徴を把握する。
✔ すべて The speaker で始まっているので，それに続く部分を確認しておく。
② 「何について」「どのような状況で」話しているかを考える。
✔ 話し手が何を伝えようとしているのかを把握し，言い換えに注意して選択肢を選ぶ。

POINT

放送内容 《英語教師になるために》

　To become an English teacher, I won't have to study abroad, but <u>I will have to study hard</u>.

訳　英語の先生になるために，留学する必要はないが，**一所懸命に勉強しなければならないだろう。**

▶後半で I will have to study hard「一所懸命に勉強しなければならないだろう」と述べているため，②「話者はたくさん勉強しなければならない」が正解。放送英文と選択肢では have to → must，study hard → study a lot と言い換えられていることに注意。

▶放送英文はすべて未来の表現（I won't have to … や I will have to …）が使われていることから，話者はこれから英語の先生を目指すということがわかるため，①「話者は英語の先生である」，④「話者は海外で英語を教えている」は不適。また，I won't have to study abroad「留学しなくてもよい」より，③「話者は日本以外の国で勉強する必要がある」も不適。

NOTE 言い換えに注意しよう！

　「音声は聞き取れて理解できたけれど，問題に解答できない」ということがよくあります。これは，正解の選択肢が聞き取った英文の表現を巧妙に言い換えたものになっていることが多いためです。また，読み上げられた英文と選択肢の言い換えだけでなく，

読み上げられた英文の中でも一つのことが様々な表現に言い換えられていることが多いということにも注意しましょう。そもそも英語では「同一表現の単純な繰り返し」を避ける傾向があります。英文の内容を正しく理解し，設問に正解するためにも，言い換えを意識することが大切です。

 # 第1章の学習チェックポイント

以下のことに注意しながら，第1章の演習問題を解いてみましょう。

- [ ] 本文・設問・選択肢を正確に理解できる十分な語彙力を身につけているか？
- [ ] 英文を文法的に正しく理解して聞き取れるか？
- [ ] 単語，フレーズレベルで英文を正しく発音したり，正しく聞き取ることができるか？
- [ ] 読み上げられた英文から，設問に解答するために必要な情報の該当箇所を把握できるか？
- [ ] 英文を聞いたり，設問を解いたりする際，言い換えに意識を向けているか？
- [ ] 正解の選択肢について，読み上げられた英文のどの箇所を根拠として正解としているのか説明できるか？
- [ ] 誤りの選択肢について，なぜ誤りなのか根拠を説明できるか？

M E M O

演習問題

1 ～ **12** 英語を聞き，それぞれの内容と最もよく合っている絵を，四つの選択肢（①～④）のうちから一つずつ選びなさい。音声は2回流れます。

1 ①

②

③

④

〔2021年度本試験（第1日程） 第1問B 問5〕

2

①

②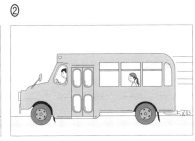

③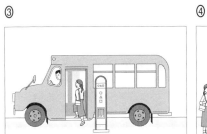

④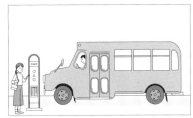

〔第1回プレテストB　第1問B　問7〕

3

① ②

③ ④

〔第1回プレテストB　第1問B　問9〕

①  ②

③  ④

〔本書オリジナル〕

第1章

①  ②

③  ④

〔本書オリジナル〕

6

① ②
③ ④

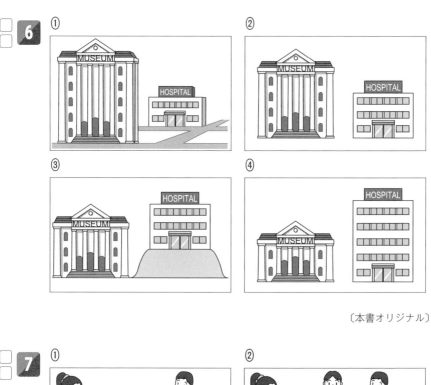

〔本書オリジナル〕

7

① ②
③ ④

〔本書オリジナル〕

①  ②

③  ④

〔2021 年度本試験（第 1 日程）　第 1 問 B　問 6 〕

第1章

①

②

③

④

〔2021年度本試験（第1日程） 第1問B 問7〕

第1章

10

① ② ③ ④

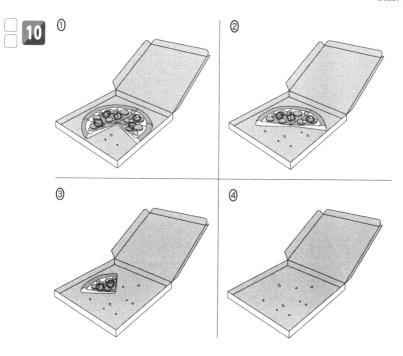

〔2022 年度本試験　第 1 問 B　問 5 〕

11

〔2022年度本試験 第1問B 問6〕

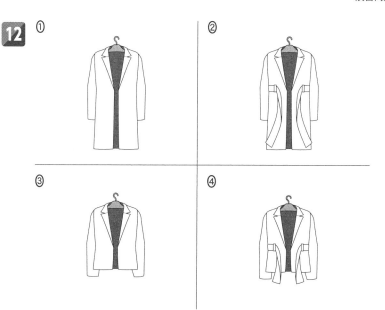

〔2022 年度本試験　第 1 問 B　問 7 〕

第1章

13 〜 24 それぞれの問いについて，対話の場面が日本語で書かれています。対話とそれについての問いを聞き，その答えとして最も適切なものを，四つの選択肢（①〜④）のうちから一つずつ選びなさい。**音声は2回流れます。**

13 男子大学生がアルバイトの面接を受けています。

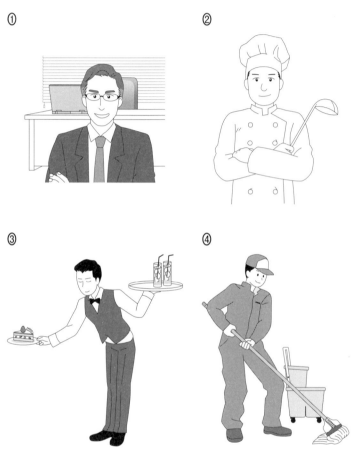

① ② ③ ④

〔第1回プレテストB　第2問　問12〕

14 観光中の二人が，高いタワーを見て話をしています。

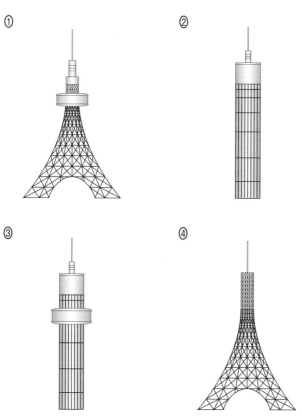

① ② ③ ④

〔第1回プレテストB　第2問　問11〕

15 買い物客がショッピングモールの案内所で尋ねています。

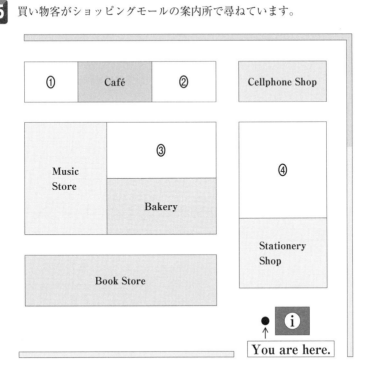

〔第1回プレテストB 第2問 問14〕

16 大学の学生課で女性が寮の部屋を選んでいます。

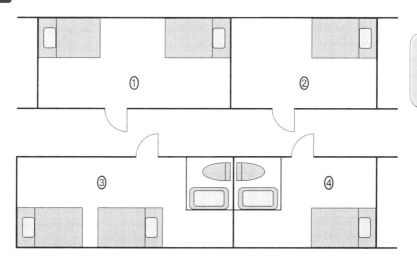

〔2017 年度本試験　第 1 問　問 1　改〕

第1章

17 Maria の水筒について話をしています。

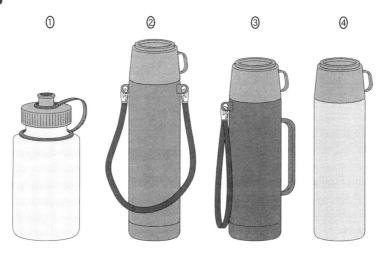

〔2021 年度本試験（第 1 日程）　第 2 問　問 8〕

18 コンテストでどのロボットに投票するべきか，話をしています。

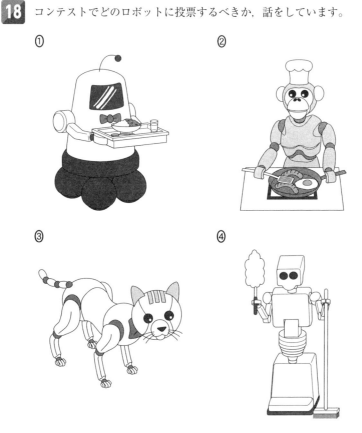

① ② ③ ④

〔2021 年度本試験（第1日程） 第2問 問9〕

19 父親が，夏の地域清掃に出かける娘と話をしています。

①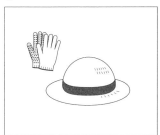

②

③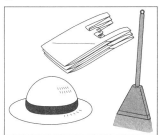

④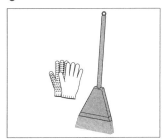

〔2021年度本試験（第1日程） 第2問 問10〕

20 車いすを使用している男性が駅員に質問をしています。

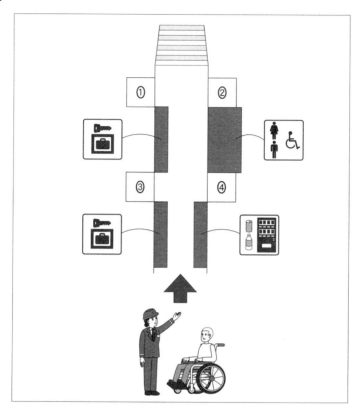

〔2021年度本試験（第1日程）　第2問　問11〕

21 部屋の片づけをしています。

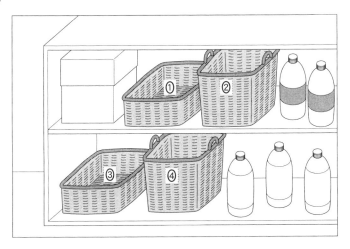

〔2022 年度本試験　第 2 問　問 8〕

22 店員が，客から注文を受けています。

①

②

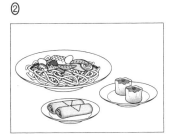

③

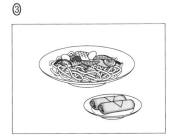

④

〔2022 年度本試験　第 2 問　問 9〕

23 息子が，母親にシャツの取り扱い表示について尋ねています。

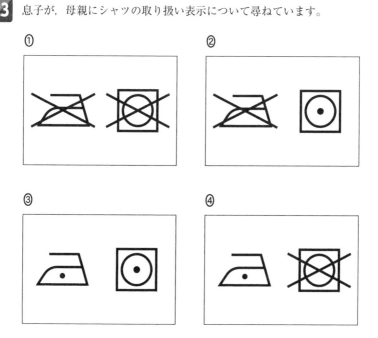

〔2022年度本試験　第2問　問10〕

24 映画館のシートマップを見ながら座席を決めています。

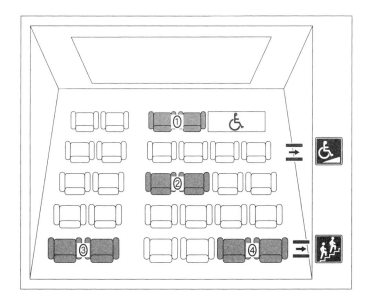

〔2022 年度本試験　第 2 問　問 11〕

25 ～ **27** 話を聞き，それぞれの問いの答えとして最も適当なものを，選択肢から選びなさい。問題文と図表を読む時間が与えられた後，音声が1回流れます。

25 あなたは，授業で配られたワークシートのグラフを完成させようとしています。先生の説明を聞き，四つの空欄 1 ～ 4 に入れるのに最も適切なものを，四つの選択肢（①～④）のうちから一つずつ選びなさい。

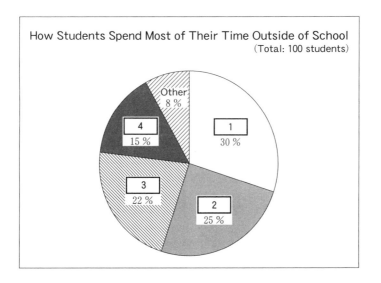

① Going out with friends
② Playing online games
③ Studying
④ Working part-time

〔2021年度本試験（第1日程）　第4問A　問18～21〕

26 あなたは，留学先のホストファミリーが経営している DVD ショップで手伝いをしていて，DVD の値下げについての説明を聞いています。話を聞き，下の表の四つの空欄 | 1 | ～ | 4 | に入れるのに最も適切なものを，五つの選択肢（①～⑤）のうちから一つずつ選びなさい。選択肢は 2 回以上使ってもかまいません。

Titles	Release date	Discount
Gilbert's Year to Remember	1985	
★ Two Dogs and a Boy	1997		1	
Don't Forget Me in the Meantime	2003		2	
★ A Monkey in My Garden	2007		3	
A Journey to Another World	2016	
A Moment Frozen in a Memory	2019		4	

① 10 %

② 20 %

③ 30 %

④ 40 %

⑤ no discount

〔2021 年度本試験（第 1 日程）　第 4 問 A　問 22～25〕

27 あなたは，留学先で，集めた衣類などを整理して福祉施設に送るボランティア活動に参加しています。話を聞き，次の表の四つの空欄 1 ～ 4 に入れるのに最も適切なものを，五つの選択肢（①～⑤）のうちから一つずつ選びなさい。選択肢は2回以上使ってもかまいません。

Collected Items

Item number	Category	Item	Box number
0001	Men's	down jacket	1
0002	Men's	belt	2
0003	Women's	ski wear	3
0004	Boys'	ski wear	4
0005	Girls'	coat	
0006	Men's	cotton sweater	

① Box 1
② Box 2
③ Box 3
④ Box 4
⑤ Box 5

〔2022年度本試験　第4問A　問22～25〕

解答解説

 正解は②

> イラストを先に見て，違いを確認しておく。
> ✔ 登場人物：女性3名・男性2名
> ✔ 帽子の有無：全員かぶっている／1人かぶっていない／1人だけかぶっている
> 　／全員かぶっていない

放送内容 《人々の服装》

<u>Almost everyone</u> at the bus stop <u>is wearing a hat</u>.

訳　バス停にいる人たちの**ほとんどみんな帽子をかぶっている**。

almost everyone「ほとんどみんな」とあるので，5人中4人が帽子をかぶっている②が正解。

2 正解は①

> イラストを先に見て，違いを確認しておく。
> ✔ 登場人物：女性1人／女性1人と運転手
> ✔ 状況：バスに乗り遅れた／既に乗っている／乗ろうとしている

POINT

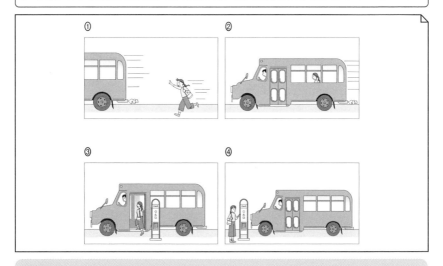

放送内容　《バスに乗り遅れた女性》

The woman has just missed the bus.

訳　女性は**ちょうど**バスに**乗り遅れたところ**だ。

miss は「（乗り物）に乗り遅れる」の意味。さらに has just missed と現在完了形となっていることから，①が正解。

3 正解は④

> イラストを先に見て，違いを確認しておく。
> ✔ 登場人物：女性1人
> ✔ 背景：晴れ／雪
> ✔ 服装：厚着／軽装
> ✔ 表情・しぐさ：暑そう／快適／寒そう

POINT

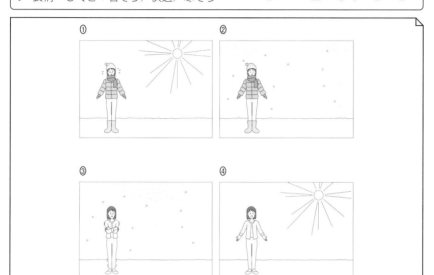

放送内容 《天候予測》

Jane <u>knew</u> it <u>wouldn't be cold</u> today.

訳 ジェーンは今日，<u>寒くならないとわかっていた</u>。

イラストの天気に注目する。後半の it wouldn't be cold「寒くならないだろう」より，晴れているイラストになっている①，④に絞られる。さらに文頭の Jane knew「～とジェーンはわかっていた」より，寒くならないとわかっていたと思われる服装，つまり薄着をしている④が正解となる。

4　正解は④

> イラストを先に見て，違いを確認しておく。
> ✔ 登場人物：男性1人
> ✔ ハイキングに関して男性がどこで何をしているか。

POINT

放送内容 《ハイキング》

The boy is about to set off on a hike.

訳　男の子はハイキングに**出かけるところ**だ。

◇ set off on a hike「ハイキングに行く」

be about to *do* は「まさに～しようとするところ」という近い未来を表す表現。set off「出発する」が続くことから，④が正解。

5　正解は③

> **POINT**
>
> イラストを先に見て，違いを確認しておく。
> - ✔ 登場人物：男性と女性／女性のみ
> - ✔ 状況：ヘアカット中／ヘアカット前／ヘアカット後
> - ✔ ヘアカット中の場合は，誰がカットしている（されている）のか。

放送内容　《美容院にて》

　The girl has just had her hair cut.

訳　女の子は髪を切ってもらったばかりだ。

has just had より現在完了で「ちょうど〜したところ」と意味が取れることから，動作が完了している様子のものを選ぶ。さらに，had her hair cut は have *A done*「*A* を〜してもらう」と使役用法となっていることから，女の子が髪を切ってもらったばかりの状況を指す③が正解。

6　正解は④

イラストを先に見て，違いを確認しておく。
- ✔ 建物：美術館／病院
- ✔ 位置関係：一方が遠くにある／横に並んでいる／一方が高いところにある
- ✔ 高さ：美術館が高い／病院が高い／同じくらい

POINT

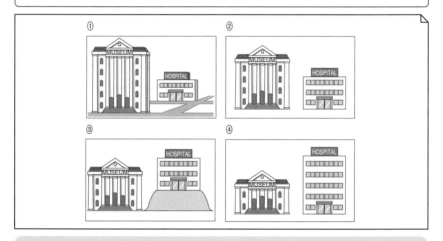

放送内容　《病院と美術館の比較》

The hospital is <u>far taller than</u> the museum is.

訳　病院は美術館よりもはるかに背が高い。

イラストより，病院と美術館の距離，背の高さ，位置関係のどれを比較しているか，に注意して聞き取る。far taller than の部分の解釈がポイント。taller than ～ と tall が比較級となっているため，病院と美術館の建物の高さを比較しているとわかる。far はここでは「遠い」という意味ではなく，〈far + 比較級〉で比較級の強調「はるかに～な，ずっと～な」の意。よって，far だけを聞いて①を選んではいけない。病院の方が明らかに背が高くなっている④を選ぶ。なお，③は一見，病院の方が高く見えるが，高い位置にあるだけで建物自体は美術館の方がやや高い。

7 正解は④

> イラストを先に見て，違いを確認しておく。
> ✔ 登場人物：女性1人と男性数人（2人／3人／4人／6人）
> ✔ ピザ：枚数／カット数

POINT

放送内容 《客人へのもてなし》

The woman bought enough pizza for each guest to have just two slices.

訳 女性は客人各々がちょうど2切れずつ食べられるようピザを購入した。

イラストより，着席している男性の人数と，提供されようとしているピザのカット数や枚数が違うことに注目しておくこと。後半部分 for each guest to have just two slices から「それぞれの客人」と「ちょうど2切れ」という部分が聞き取れれば，イラストより1人につき2切れずつピザが食べられるような設定になっているものを選べばよいとわかる。④は6切れのピザが2枚で計12切れのピザが6人の男性に提供されているため，ちょうど2切れずつとなる。

8　正解は①

イラストを先に見て，違いを確認しておく。 ~~POINT~~
- ✔ 登場人物：女性（客）と男性（店員）
- ✔ シャツの柄：ハート／ネコ／イルカ／ストライプ

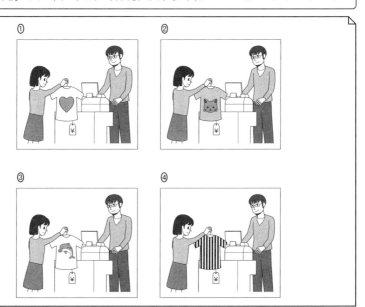

放送内容 《Tシャツの柄》

　Nancy already has a lot of striped T-shirts and animal T-shirts. Now she's buying another design.

訳　ナンシーは<u>すでに縞柄のTシャツと動物柄のTシャツをたくさん持っている。</u>今，彼女は<u>別のデザイン</u>のものを買おうとしている。

「縞柄と動物柄」とは「別のデザイン」のTシャツを手に持っている①が正解。

9　正解は③

> イラストを先に見て，違いを確認しておく。
> ✔ 登場人物：若い女性1人，大人の女性1人
> ✔ 誰が誰の絵を描いているか（相手の絵か自画像か）。

POINT

放送内容　《絵の題材》

The girl's mother is painting a picture of herself.

訳　**女の子の母親**は**自画像**を描いている。

「描いている」の主語が「女の子の母親」で，絵は of herself「自分自身の」とあるので，③が正解。

10 正解は④

イラストを先に見て，違いを確認しておく。

POINT

✔ ピザがどれくらい残っているか：4分の3／半分／4分の1／残っていない

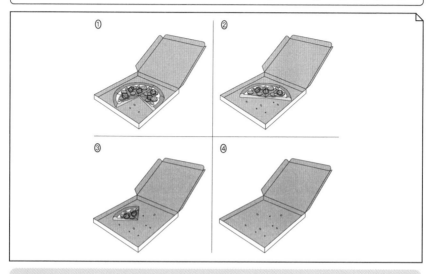

放送内容 《残りのピザ》

Kathy ate two pieces, and Jon ate everything else. So, nothing's left.

訳　キャシーが2切れ食べ，ジョンが<u>他を全部食べた</u>。だから<u>何も残っていない</u>。

「他を全部食べた」「何も残っていない」とあるので，④が正解。

11　正解は④

イラストを先に見て，違いを確認しておく。

✔ 湖（池）・木・鳥

✔ 鳥の位置と状態：木の根本／木から離れた湖（池）の上／木の上を飛んでいる
／木の近くの湖（池）の上

放送内容　《鳥のいる場所》

Look at that bird on the lake. It's under the tree.

訳　湖に浮かんでいるあの鳥を見て。木の下にいるよ。

「湖の上にいる」＝「湖に浮かんでいる」，「木の下にいる」とあるので，④が正解。

12 正解は①

> イラストを先に見て，違いを確認しておく。
> ✔ コートの長さ：長い／短い
> ✔ ベルトの有無

POINT

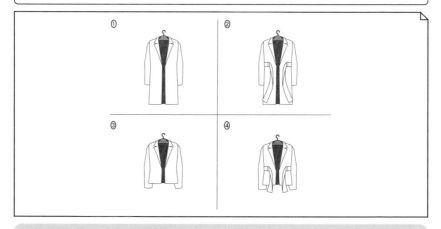

放送内容 《好みのコート》

I prefer this one. There's <u>no belt</u>, and it's <u>longer</u>.

訳 こっちのほうがいいな。**ベルトがなくて丈が長い**から。

◇ prefer A（to B）「（B よりも）A のほうが好きである」

「ベルトがない」「丈がより長い」とあるので，①が正解。

13　正解は②

日本語の説明とイラストを先に見て，必要になりそうな情報を予測しておく。

POINT

第1章

✔ 場面はアルバイトの面接。
✔ イラストは様々な職種の服装。→職種を表す表現に注意する。

① ② ③ ④

放送内容 《アルバイトの面接》

W : Next, can you tell me about your work experience?

M : I've worked as a waiter in a café.

W : But you said you wanted to cook?

M : Yes, I'd like to try it.

Question : What job does the man want?

訳 女性：次に，あなたの職歴について教えてもらえますか？
　　男性：私はカフェでウェイターとして働いたことがあります。
　　女性：しかし，あなたは調理をしたいと言っていましたよね？
　　男性：はい，調理に挑戦してみたいと考えています。

　　質問：男性はどの仕事を希望していますか。

聞こえてくる職業関連の語から②cook, ③waiter に絞る。質問は現在形で What job does the man want? と, これからしたいと考えている仕事を問うていることに注意。男性の2番目の発言の I'd like to try it. の it は直前の女性の発言にある to cook「調理」を指しているため, ②が正解となる。③waiter については, 男性の1番目の発言 I've worked as a waiter in a café. が現在完了となっており, 彼の職歴（女性の1番目の発言：work experience）であるため, 不適。

14 正解は①

> 日本語の説明とイラストを先に見て, 必要になりそうな情報を予測しておく。
> ✔ タワーの形状（土台の形・頂上付近の形）についての描写に注意する。

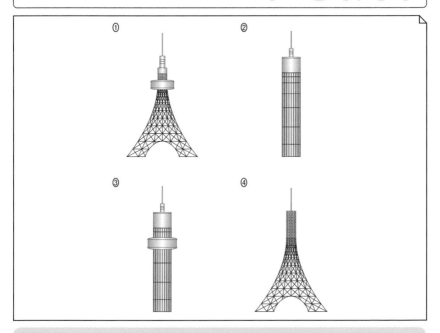

放送内容 《タワーの外観》

M : Look at that tower! It has such a pointed top!

W : And I like the wide base.

M : What's the disk-shaped part near the top?

W : It's probably a restaurant.

Question : What does the tower look like?

訳　男性：あのタワーを見て！　先端がすっごく尖っているよ！

女性：それに，<u>土台のところが広くなっている</u>のがいいと思うわ。

男性：<u>てっぺんの近くにある円盤状の部分</u>は何かな？

女性：あれはたぶん，レストランよ。

質問：タワーの見た目はどのようなものか。

選択肢 4 つのイラストより，タワーの特に土台部分の形と頂上付近にある丸い部分の有無を中心に聞き取る。女性の 1 番目の発言 the wide base「幅広い土台部分」，男性の 2 番目の発言 the disk-shaped part near the top「頂上付近の円盤のような形の部分」より，①が正解。タワーの top「てっぺん，頂上」に対して base は「土台部分」を指す。disk-shaped の disk は「円盤」，shape は「形」なので「円盤状の」という意味である。

15　正解は②

> 日本語の説明とイラストを先に見て，必要になりそうな情報を予測しておく。
> ✔ 店舗の位置情報と，客の位置（案内所にいる）を確認。
> ✔ 「どこに行きたいか」「行先の位置」に関する情報に注意。

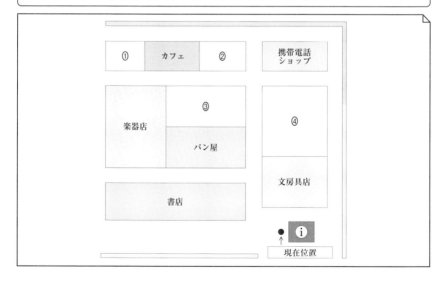

放送内容 《スマホケースの売り場》

M : I'm looking for a smartphone case.

W : Try the cellphone shop.

M : I did, but I couldn't find any.

W : You could try <u>the shop across from the cellphone shop, next to the café</u>.

Question : Where will the customer most likely go next?

訳 男性：スマホケースを探しているのですが。

女性：携帯電話ショップに行ってみてください。

男性：行ってみたんですが, 全く見当たらなかったんですよ。

女性：<u>携帯電話ショップの向かい側の, カフェに隣接している店</u>に行ってみてください。

質問：客が次に最も行きそうな場所はどこか。

◇ across from ～「～の向かいの〔に〕」　◇ next to ～「～の隣の〔に〕」

イラストが店舗の配列を示す地図で, 選択肢が店舗の場所なので, 位置に関する情報を中心に聞き取る。女性の最後の発言 the shop across from the cellphone shop「携帯電話ショップの向かい側の店」より②, ③, ④のどれか。さらに続く next to the café「カフェの隣」より②を選ぶ。

16 正解は③

> 日本語の説明とイラストを先に見て，必要になりそうな情報を予測しておく。
> ✔ 女性が寮の部屋を選んでいる場面。
> ✔ ベッドの数（1つ／2つ）に注意する。
> ✔ 風呂・トイレの有無に注意する。

POINT

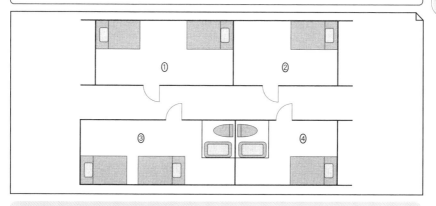

放送内容 《寮の部屋の選択》

M : Here's the dormitory floor plan.

W : I'd like a room with a bathroom.

M : Then, how about this one? It's for two students, though.

W : I don't mind that. I'll take it.

Question : Which room does the woman decide to take?

訳 男性：これが寮の間取り図です。

女性：お風呂とトイレのある部屋がいいです。

男性：それなら，これはどうですか？　2人部屋ですが。

女性：それは大丈夫です。それにします。

質問：女性はどの部屋を選ぶことにしますか。

女性の2番目の発言 I don't mind that. の that は，直前の男性の発言 It's for two students を受けたもので「2人部屋でも気にしない」ということ。女性が選ぶのは，風呂・トイレがあり，ベッドが2つある③の部屋。

17　正解は②

日本語の説明とイラストを先に見て，必要になりそうな情報を予測しておく。

✔ Maria の水筒について。

✔ 水筒の形状（ストラップの有無・カップの有無・大きさ・取っ手の有無）に注意する。

POINT

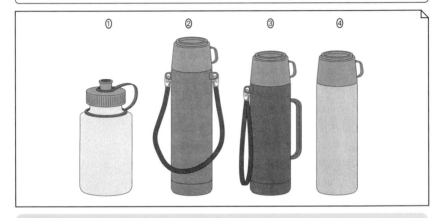

放送内容　《マリアの水筒》

M：Maria, let me get your water bottle.

W：OK, mine has <u>a cup on the top</u>.

M：Does it have <u>a big handle on the side</u>?

W：<u>No, but it has a strap</u>.

Question：Which water bottle is Maria's?

訳　男性：マリア，君の水筒を取ってあげるよ。

　　女性：ええ，私のは<u>上にカップ</u>がついているわ。

　　男性：<u>横に大きな取っ手</u>がついている？

　　女性：<u>いいえ，でもストラップはついているの</u>。

　　質問：どの水筒がマリアのものか。

◇ handle「取っ手」

女性の最初の発言の「上にカップがついている」，男性の2番目の発言「取っ手はついているか」に対する，女性の2番目の発言の「いいえ，でもストラップはついている」から，②が正解。

18 正解は④

日本語の説明とイラストを先に見て，必要になりそうな情報を予測しておく。
- ✔ コンテストで投票すべきロボットはどれか。
- ✔ ロボットの特徴（動物型か・どんな動作をするか）に注意する。

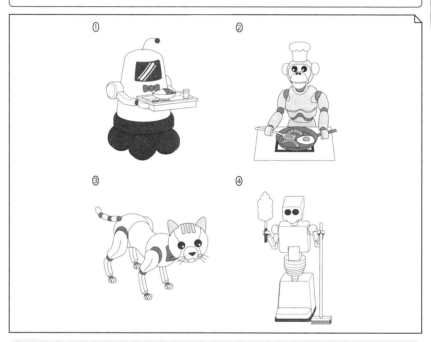

放送内容 《ロボットコンテストでの投票》

W : What about this animal one?

M : It's cute, but robots should be able to do more.

W : That's right. Like the one that can clean the house.

M : Exactly. That's the best.

Question : Which robot will the man most likely vote for?

訳　女性：この動物のはどう？
男性：かわいいね，でもロボットはもっと多くのことができるべきだな。
女性：そうね。家の掃除ができるもののようにね。
男性：そのとおりだよ。あれがいちばんいいね。

質問：どのロボットに，男性は投票する可能性が最も高いか。

女性が2番目の発言で「家の掃除ができるロボット」に言及すると，男性は2番目の発言で That's the best.「あれがいちばんいい」と言っている。④が正解。

19 正解は①

日本語の説明とイラストを先に見て，必要になりそうな情報を予測しておく。
- ✔ 地域清掃についての父と娘の会話。
- ✔ イラスト（帽子／ほうき／手袋／ビニール袋）を確認。→清掃に使用するものを問われる可能性が高い。

放送内容　《地域清掃の準備》

M : Don't you need garbage bags?

W : No, they'll be provided. But maybe I'll need these.

M : Right, you could get pretty dirty.

W : And it's sunny today, so I should take this, too.

Question : What will the daughter take?

訳　男性：ゴミ袋はいらないかな？
　　女性：いらないわ，支給されるでしょう。でもたぶんこれはいるわね。
　　男性：そうだね，すごく汚れるかもしれないからね。

女性：それに**今日は晴れているから，これも持っていくべきね。**

質問：娘は何を持っていくか。

男性の最初の発言で「ゴミ袋はいらないか」と尋ねているのに対して，女性の最初の発言第1文で「いらない」と答えているので，ゴミ袋が描かれている②，③は除外できる。女性の2番目の発言に「晴れているから，これも持っていくべき」とあるので，帽子を持っていくと考えられる。①が正解。また，女性の最初の発言第2文に「これ（ら）はたぶんいる」とあるのに対して，男性の2番目の発言で「とても汚れるかもしれない」とある。these「これ（ら）」となっていることで，手袋（2つで1組）を指していると考えられる。

20 正解は①

> 日本語の説明とイラストを先に見て，必要になりそうな情報を予測しておく。
> ✔ 駅の構内図（コインロッカー／トイレ／自動販売機）を確認。→男性が駅員に何かの場所を聞き，その場所を説明する会話だと予測できる。
> ✔ 位置関係の表現（…の横／…の向かい／…の前など）に注意する。

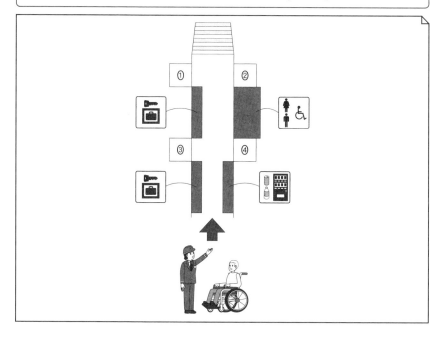

> 放送内容 《エレベーターの場所》
>
> M：Excuse me, where's the elevator?
> W：Down there, <u>next to the lockers across from the restrooms</u>.
> M：Is it all the way <u>at the end</u>?
> W：<u>That's right, just before the stairs</u>.
>
> Question：Where is the elevator?

訳 男性：すみません，エレベーターはどこにありますか？
女性：あちらになります，**お手洗いの向かいにあるロッカーの横**ですよ。
男性：この通路の**突き当り**ですか？
女性：**そうです，階段のすぐ手前です。**

質問：エレベーターはどこにあるか。

◇ all the way「（道のりの）ずっと」　◇ at the end「突き当りに，端に」

女性の最初の発言の「お手洗いの向かいにあるロッカーの横」，また，男性の2番目の発言の「突き当りか」という問いに対して女性の2番目の発言で「そうです，階段のすぐ手前」と答えていることから，①が正解。

21 正解は③

> 日本語の説明とイラストを先に見て，必要になりそうな情報を予測しておく。
> ✔ 部屋の片づけ中の会話。
> ✔ かごの位置（上段・下段／…の隣など）や種類に注意する。
>
> POINT

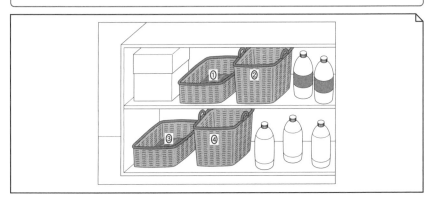

第1章

放送内容 《タオルの置き場》

W : Oh, I forgot. Where should these towels go?

M : In the basket <u>on the bottom shelf</u>.

W : <u>The one beside the bottles?</u>

M : <u>No, the other one.</u>

Question : Where should the woman put the towels?

訳 女性：あら，忘れちゃったわ。このタオルはどこに置けばいいの？

男性：<u>下の棚</u>のかごの中だよ。

女性：<u>瓶の横にあるかご？</u>

男性：<u>いや，もう一つのほう。</u>

　　　質問：女性はタオルをどこに置くべきか。

「下の棚」「瓶の隣にあるのではないほう」とあるので，③が正解。

22 正解は②

日本語の説明とイラストを先に見て，必要になりそうな情報を予測しておく。

✔ 選択肢の食べ物を確認。→客が何を注文したかが問われると予測できる。

✔ 麺はすべての選択肢にあるので、それ以外の食べ物の有無に注意する。

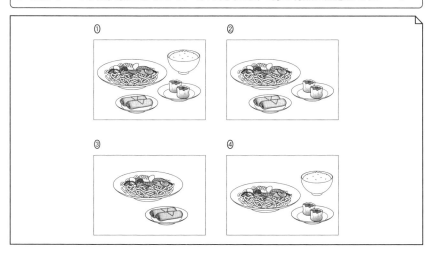

放送内容 《料理の注文》

W : Are you ready to order, sir?

M : Yes, I'd like the fried noodle set.

W : Certainly. <u>Would you like rice with that?</u>

M : Well.... <u>It comes with two side dishes, so that's enough.</u>

Question : What did the man order?

訳 女性：ご注文はお決まりでしょうか？

男性：はい。焼きそばのセットをお願いします。

女性：かしこまりました。<u>ご飯はおつけしますか？</u>

男性：えーっと…。<u>小皿の料理が2つついていますよね。それで十分です。</u>

質問：男性が注文したのは何か。

「ご飯をつけるか」という問いに対して，「小皿の料理が2つあるので，それで十分だ」と答えているので，②が正解。

---

23 正解は④

日本語の説明とイラストを先に見て，必要になりそうな情報を予測しておく。
POINT
✔ シャツの取り扱いについて。
✔ 2種類の記号（アイロン／四角いマーク）と×印の有無に注意する。

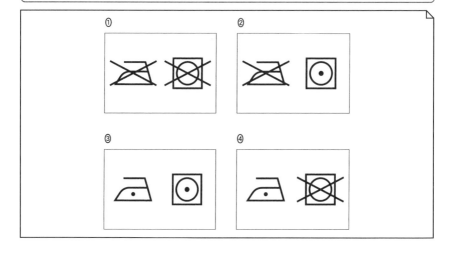

第1章

放送内容　《衣類の取り扱い表示》

M : Can I put this shirt in the dryer?

W : No, look at the square symbol. It's crossed out.

M : Do I have to iron it?

W : Well, this symbol shows that you can.

Question : Which picture shows what they are looking at?

訳　男性：このシャツは乾燥機に入れてもいいのかな？

女性：だめよ。四角いマークを見て。バツがついているでしょう。

男性：アイロンはかけないとだめなの？

女性：えーっと，このマークがあるからかけても大丈夫ね。

質問：彼らが見ているのはどの絵か。

◇ cross out ～「線を引いて～を消す」

「四角いマークにバツがついている」，また「アイロンをかけなくてはならないか」という問いに対して「このマークが『できる』と示している」，つまり「アイロンをかけることができる」と答えているので，④が正解。

24　正解は③

> 日本語の説明とイラストを先に見て，必要になりそうな情報を予測しておく。
> ✔ 映画館の座席について。
> ✔ 座席の位置（出入口付近、前と後など）に注意する。

POINT

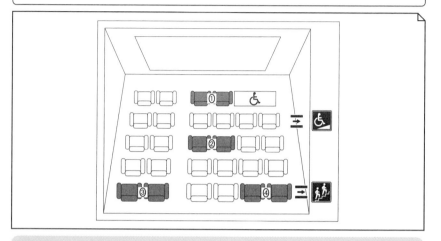

放送内容 《座席の選択》

W : I'd rather not sit near the exit.

M : But not too near the screen, either.

W : Isn't the sound better at the back?

M : Do you think so? Let's sit there, then.

Question : Which seats will the speakers choose?

訳　女性：出口の近くには座りたくないわ。
　　男性：でも，スクリーンに近すぎるのもね。
　　女性：うしろのほうが音はいいんじゃない？
　　男性：そう思う？　じゃあ，そこに座ろう。

　　質問：話者たちはどの席を選ぶか。

◇ would rather not *do*「どちらかというと～したくない」

「出口の近くはいやだ」「うしろのほうが音はいい」とあるので，③が正解。

25 ☐1 ☐2 ☐3 ☐4 正解は①, ②, ③, ④

① 日本語の説明・図表・選択肢を見て、図表の内容を把握し、必要になりそうな情報を予測しておく。
- ✔ 「学外活動の時間の使い方」についてのグラフを埋める。
- ✔ 割合の数値に注意。ただし、そのまま読まれるとは限らない。
- ✔ 読み上げられる項目（＝選択肢）を確認。ただし、選択肢の順番通り読まれるとは限らない。
② 聞きながら図表の空欄の横にメモを取る。

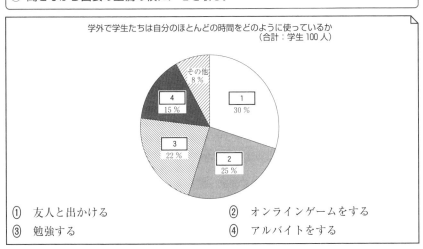

学外で学生たちは自分のほとんどの時間をどのように使っているか
（合計：学生100人）

その他 8%

☐4 15%

☐1 30%

☐3 22%

☐2 25%

① 友人と出かける
② オンラインゲームをする
③ 勉強する
④ アルバイトをする

放送内容 《学生の学外での活動》

One hundred university students were asked this question: How do you spend most of your time outside of school? They were asked to select only one item from five choices: "going out with friends," "playing online games," "studying," "working part-time," and "other." The most popular selection was "going out with friends," with 30 percent choosing this category. Exactly half that percentage of students selected "working part-time." "Playing online games" received a quarter of all the votes. The third most selected category was "studying," which came after "playing online games."

訳 　100人の大学生が次のような質問をされた。「学外では自分のほとんどの時間をどのように使っているか？」　彼らは5つの選択肢から1つだけ選ぶように言

われた。選択肢は「友人と出かける」,「オンラインゲームをする」,「勉強する」,「アルバイトをする」,「その他」である。最も多く選ばれたのは「友人と出かける」で，30パーセントがこの区分を選んだ。そのちょうど半分の学生が「アルバイトをする」を選んだ。「オンラインゲームをする」は全投票の4分の1だった。3番目に多く選ばれた区分は「勉強する」で，「オンラインゲームをする」に次ぐものだった。

◇ work part-time「アルバイトをする，パートタイムで働く」

| 1 | 正解は①

第3文（The most popular …）に「最も多く選ばれたのは『友人と出かける』で，30パーセント」とあるので| 1 |には①が当てはまる。

| 2 | 正解は②

第5文（"Playing online games" …）に「『オンラインゲームをする』は全投票の4分の1だった」とあり，25パーセントになっている| 2 |には②が当てはまる。グラフでは「25％」と数値が書かれているが，放送ではa quarter「4分の1」となっている点に注意。

| 3 | 正解は③

最終文（The third most …）に「3番目に多く選ばれた区分は『勉強する』で，『オンラインゲームをする』に次ぐ」とあるので，| 3 |には③が当てはまる。

| 4 | 正解は④

第3・4文（The most popular … "working part-time."）に「その（＝30パーセントの）ちょうど半分の学生が『アルバイトをする』を選んだ」とあり，15パーセントになっている| 4 |には④が当てはまる。

26 　1　　2　　3　　4　　正解は① , ② , ① , ⑤

① 日本語の説明・図表・選択肢を見て、図表の内容を把握し、必要になりそうな情報を予測しておく。

✔ DVD の割引率を埋める。

✔ ★のついた項目は何を意味するか。

② 聞きながら図表の空欄の横にメモを取る。

✔ 理路整然とした文章とは異なり，話し言葉の特徴として，「後から言い直す」「情報を追加する」「何かを突然思いつく（思い出す）」といったことが挙げられる。本問では Oh, there's one more thing! と，言うべきことを思い出して情報を追加している。こうした「ワナ」に注意して聞く姿勢をもとう。

第1章

タイトル	発売時期	値下げ
ギルバートの思い出の一年	1985	
★2匹の犬と一人の少年	1997	1
その間私を忘れないで	2003	2
★うちの庭のサル	2007	3
別世界への旅	2016	
記憶の中に凍結された瞬間	2019	4

① 10 パーセント　② 20 パーセント　③ 30 パーセント
④ 40 パーセント　⑤ 値下げなし

放送内容 《DVD の割引率》

　We've discounted some DVD titles. Basically, the discount rate depends on their release date. The price of any title released in the year 2000 and before is reduced 30%. Titles that were released between 2001 and 2010 are 20% off. Anything released more recently than that isn't discounted. Oh, there's one more thing! The titles with a star are only 10% off, regardless of their release date, because they are popular.

訳　DVD の一部を値下げしました。基本的に，割引率は発売時期によります。2000 年以前に発売されたものはどれでも，その値段は 30 パーセント引きです。

> 2001年から2010年に発売されたものは，20パーセント引きです。それよりも最近に発売されたものはどれも値引きはしません。ああ，もう一つあります！ 星印のついたものは，発売時期に関係なく，10パーセントしか値引きしません。人気のあるものですから。

◇ regardless of 〜「〜とは関係なく，〜にかかわらず」

| 1 | 正解は①

最終文（The titles with a star …）に「星印のついたものは，発売時期に関係なく，10パーセントしか値引きしない」とあるので，①が正解。

| 2 | 正解は②

このDVDは2003年発売である。第4文（Titles that were released …）に「2001年から2010年に発売されたものは，20パーセント引き」とある。②が正解。

| 3 | 正解は①

星印がついており，| 1 | と同様，①が正解。

| 4 | 正解は⑤

このDVDは2019年発売である。第5文（Anything released …）に「それ（＝2010年）よりも最近に発売されたものはどれも値引きしない」とある。⑤が正解。

27　　1　　2　　3　　4　　正解は②, ⑤, ②, ③

POINT

① 日本語の説明・図表・選択肢を見て，図表の内容を把握し，必要になりそうな情報を予測しておく。

✔ 衣類を入れる箱の番号を埋める。

✔ 「カテゴリー（誰用）」「品目」に注意する。

② 聞きながら図表の空欄の横にメモを取る。

集めた品物

品番	カテゴリー	品目	箱の番号
0001	男性用	ダウンジャケット	1
0002	男性用	ベルト	2
0003	女性用	スキーウェア	3
0004	男児用	スキーウェア	4
0005	女児用	コート	
0006	男性用	コットンセーター	

① 箱1　　② 箱2　　③ 箱3　　④ 箱4　　⑤ 箱5

放送内容　《寄付品の分類》

Here are all the items that were donated last week. Please help me sort them into the proper boxes. First, summer clothes go into Box 1, whether they are for men or for women. In the same way, all winter clothes for men and women go into Box 2. Box 3 is for children's clothes, regardless of the season they're worn in. Shoes and bags should be put into Box 4. All other items go into Box 5.

訳　ここにあるのが，先週寄付された品物全部です。分類して適切な箱に入れるのを手伝ってください。まず，男物でも女物でも，夏服は箱1に入れます。同様に，**男性用と女性用の冬服はすべて箱2**です。箱3は，着る季節に関係なく，**子ども服**です。**靴とカバンは箱4に入れてください。他の物はすべて箱5です。**

◇ donate「～を寄付する」　◇ sort「～を分類する」

◇ the season they're worn in「それらが着られる季節」　They are worn in the season.「それらはその季節に着られる」がもとになっているため，in がある。

　　1　　　正解は②

「男性用のダウンジャケット」は冬物。第4文（In the same way, …）に「男性用と女性用の冬服は箱2」とあるので，②が正解。

　　2　　　正解は⑤

「男性用のベルト」は服ではなく，靴・カバンにも含まれない。最終文（All other items …）に「他の物はすべて箱5」とあるので，⑤が正解。

　　3　　　正解は②

「女性用のスキーウェア」は「冬物」。第4文（In the same way, …）に「男性用と女性用の冬服は箱2」とあるので，②が正解。

　　4　　　正解は③

「男児用のスキーウェア」は「子ども服」。第5文（Box 3 is for …）に「箱3は，着る季節に関係なく，子ども服」とあるので，③が正解。

第 2 章

つながりを理解する

 音声について

本章に収載している問題の音声は，下記の音声専用サイトで配信しております。

http://akahon.net/kplus/k-listening/

アプローチ

　英文を聞いたり問題を解いたりする際には，複数の情報同士の「つながり」に注意する必要があります。また，第1章のアプローチで解説したように，英語では「同一表現の単純な繰り返しを避ける」という傾向があります。そのため「同一表現の繰り返しを避けながらつながりを生み出す仕組み」について理解しておくことが，英文を正確に理解するためには欠かせない，ということになります。

　この第2章ではまず，同一表現の繰り返しを避けながらつながりを生み出す仕組みについて学びましょう。次に，論理的な関係について学びましょう。

〈1〉同一表現の繰り返しを避けながらつながりを生み出す仕組み

◆◆ ①代名詞・指示語を使って言い換える

　人称代名詞（he / she / it / they など），指示語（this / that など），不定代名詞（one / some など）といった代名詞・指示語を使った言い換えを見抜きましょう。

例文1

Excuse me. We ordered our food 20 minutes ago, and <u>it</u> hasn't come yet.

「すみません。料理を20分前に注文したのですが，まだ来ていません」

〔2015年度本試験　第2問　問7より抜粋〕

▶our food を代名詞 it で言い換えています。ちなみに，it の前の and は「料理を20分前に注文した」という内容と「それがまだ来ていない」という内容を結んでいるため，「逆接」ととらえることが可能です。

◆◆ ②〈the / this〔these〕/ that〔those〕＋名詞〉を使って言い換える

　一度登場した名詞を〈the＋名詞〉や〈this＋名詞〉といったかたちで言い換えることもよくあります。

例文2

W : Have you seen the new school flag？「新しい校旗を見た？」

M : <u>The one</u> with the name around the logo？「ロゴの周りに校名が入っているやつ？」

W : Yes, but the name is under <u>it</u> instead of above <u>it</u>.

　「そうよ。でも，名前はロゴの上ではなくて下よ」

M : Yeah, it's great！「そうだ，かっこいいよね！」　〔2016年度本試験　第1問　問1〕

▶The one の one は flag を指しています。また，女性の2回目の発言の it はともに

the logo を指しています。

なお，〈this〔these〕＋名詞〉の場合，「そこまでの内容を**まとめる（抽象化する）**」働きを持つことが多いので注意しましょう。

◆◇ ③代動詞を使って言い換える

do〔does / did〕には，前の動詞の内容を受ける働きがあり，そのような使われ方をしている do を「**代動詞**」と呼びます。do だけでなく，do it〔that〕/ do so といったかたちで使われることもあります。これを聞いたら「何を受けているのか」を判断するよう心がけましょう。

例文3

M : Excuse me. Could you tell me how to get to the Riverside Hotel from here?
「すみません。ここからリバーサイドホテルまでの行き方を教えてください」

W : You can take a taxi or a bus. Or you can walk there and enjoy the view. It's not too far.「タクシーかバスに乗ればいいですよ。あるいは，歩いて行って，景色を楽しむこともできますよ。そんなに遠くないですよ」

M : Hmm, it's a nice day, and I need some exercise. I'll <u>do that</u>.
「うーん，今日はいい天気だし，ちょっと運動したいな。そうします」

〔第2回プレテスト　第3問　問2〕

▶最後の I'll do that. の do that は walk there を言い換えたものと解釈できます。

◆◇ ④省略したり，代用表現を使って節を言い換えたりする

一度登場した表現を省略することが英語ではよくあります。この場合，直前に「対応する同じかたち」があり，そこと照らし合わせて省略を見抜く必要があるため，これもいわば「つながり」を作る仕組みの一つだと言えます。また，so を用いて前に登場した〈主語＋動詞〉の内容を代用することもあります。

まず，以下の会話を見てください。

A : Do you think he will come?「彼は来ると思う？」
B : I hope so.「そう願うよ」/ I hope not.「そうでないといいね」

ここで用いられている "I hope so." の so は "he will come" を示し，"I hope not." の not は "he will not come" の he, will, come が省略されていると考えることができます。

> **例文4**
> W：You don't like this kind of music, do you？「この種の音楽は好みじゃないのね？」
> M：<u>Not really</u>. How did you know？「あまりね。どうしてわかったの？」
>
> 〔2016 年度本試験　第2問　問10 より抜粋〕

▶男性の Not really. という発言は，女性の You don't like this kind of music, do you? に対する応答なので，I do **not really** like this kind of music. の not really 以外が省略されたものと考えることができます。

◆◆ ⑤類義語・反意語・派生語・部分語・関連語を使って言い換える

類義語（意味が似た単語）や反意語（反対の意味を持つ単語）を使った言い換えもよく行われます。また，名詞を形容詞化したり，動詞を名詞化したりした派生語（〈動〉criticize,〈名〉criticism,〈形〉critical など）もよく用いられます。

さらに，部分語（意味的にある単語の中の一部分に含まれる単語）や関連語（ある単語と内容的にかかわりが深い単語）を使って文の「つながり」を生み出すこともあります。たとえば，face「顔」の部分語としては nose「鼻」，mouth「口」，eye「目」が，関連語としては arm「腕」，head「頭」，leg「脚」などが挙げられます。

〈2〉 論理的な関係

次に，①順接，②逆接，③説明という3つの論理的な関係について学びましょう。一般的に，こうしたつながりを示す言葉を「ディスコースマーカー」と呼ぶことがありますが，ディスコースマーカーがなくても情報が複数並んだ時点で何らかのつながりができてしまうため，たとえディスコースマーカーがなくても常につながりを考え，次にどのような情報が来るのかを予測しながら聞き取る習慣をつけましょう。

◆◆ ① 順接（A→B）：AだからB／AならばB

順接とは，「Aという前提からBという内容が当然予測される時のAとBの関係」のことで，順接の中には「因果関係（because SV など）」「条件と帰結（if SV 〜，SV … など）」「目的と手段（so that S can＋原形 など）」といった関係が含まれます。

> **例文5** ❶Americans have traditionally wanted to live apart from their parents, **as** personal independence is often thought to be very important. ❷**Therefore**, in most cases, the elderly live in their own homes, while their grown children move away and live elsewhere.
>
> 「❶アメリカ人は伝統的に，親とは離れて暮らしたがってきたが，それは個人的な自立が非常に重要であると考えられることが多いからである。❷したがって，たいていの場合，高齢者は自分の家で暮らし，一方，大人になった子は家を出て，他のところで暮らす」
>
> 〔2014 年度本試験　第 4 問 B より抜粋〕

▶❶文目の as は前半の内容B（アメリカ人は伝統的に親と離れて暮らしたがってきた）の理由A（個人的な自立が非常に重要だと考えられることが多い）を説明する働きをしています。❷文目の冒頭の Therefore は❶文目の内容を原因A′とし，❷文目がその結果B′であるということを示しています。

❶文目 **原因・理由A′**	**前半** **結果B**	アメリカ人は伝統的に親と離れて暮らしたがってきた。
	↑　as	
	後半 **原因・理由A**	個人的な自立が非常に重要だと考えられることが多いため。
↓　Therefore		
❷文目 **結果B′**	たいていの場合，高齢者は自分の家で暮らし，一方，大人になった子は家を出て，他のところで暮らす。	

◆◆ ② 逆接（A⇔B）：AしかしB／AとBは異なる

　逆接とは，「Bという内容が，Aという内容から予測できない意外なものとして生じている場合のAとBの関係」のことです。逆接の中には，単純に2つのものを比べる「対比」や，「譲歩（一般論・自分の主張と異なる見解）を述べた後，それに反する主張を述べる」といったつながり方が含まれます。

> **例文6** ❶In some countries, silver gifts are given for 25th wedding anniversaries and gold gifts for 50th anniversaries. ❷**But** in the United Kingdom, there are also some traditional gifts given to celebrate other anniversaries.
>
> 「❶一部の国では，結婚 25 周年には銀製品の贈り物，50 周年には金製品の贈り物をする。❷しかしイギリスでは，他の記念日を祝うのに贈られる，伝統的な贈り物もいくつかある」
>
> 〔2015 年度本試験　第 4 問 A　問 20 より抜粋〕

▶But により，❶文目と❷文目の内容が逆接の関係でつながっています。

一部の国々	⇔	イギリス
結婚 25 周年：銀製品の贈り物 結婚 50 周年：金製品の贈り物	But	他の記念日を祝う伝統的な贈り物がある

▶この But は単に「対比」を表しているだけでなく，この先に続く内容への「導入」
の役割を果たしている，と考えられます。もしこれが単純に「対比」の働きをする
だけであれば，この後に他の国々との比較が続くはずですが，実際の英文にはイギ
リスの話しか述べられていません。その意味では，❶文目と❷文目の関係は「譲歩
と主張」の関係であると言えます。❶文目と❷文目，どちらの情報に重点が置かれ
ているのかによって，「対比」なのか「譲歩」なのかを判断する必要があります。

例文7

M : I don't know what to get for my mother's birthday.
「母さんの誕生日に何を買えばいいかわからないんだ」
W : Flowers are always nice. 「お花なら間違いないわ」
M : Well, I don't want to give them again this year.
「うーん，今年もまた花を贈るっていうのはいやだな」

〔2016 年度本試験　第 3 問 A　問 14 より抜粋〕

▶男性の「母さんの誕生日に何を買えばいいかわからない」という発言に対して，女
性が「花なら間違いない」とアドバイスをしています。しかし，男性はその次に
「今年もまた花を贈るのはいやだ」と述べています。この 2 つの発言の間には「逆
接」を表す語句は書かれていませんが，男性が女性のアドバイスを受け入れなかっ
たことで，男性と女性の意見が対立的な関係にあることがわかります。

◆◇ ③ 説明（A ＝ B ／ A，B，C，…）：A すなわち B ／ A たとえば B ／ A，B，C…
　説明の中に含まれるのは「言い換え（具体化・同格・抽象化・一般化・要約）」「類
比・類推・類似」「列挙・追加・補足・補強」です。

　これは，「A の内容を B と言い換える」こと，「A に続けて B，C…と類似した情報
を追加する」こと，あるいは，「A と似た B を並べる」ことや「A を B でたとえる」
ことで，A をわかりやすく相手に伝えるつながり方のことです。また，「A，B，C，
…といった複数の情報をまとめて抽象化（一般化）する」ことも含まれます。

例文 8

W : How long have you been living in Fukuoka ?
「福岡にはどのくらい住んでいますか？」
M : Three years. 「3 年です」

W : Where <u>else</u> have you lived in Japan？

「日本では他にどこで暮らしたことがありますか？」

M : Sendai <u>and</u> Nagoya for a year each, <u>and</u> Osaka for ten months.

「仙台と名古屋にそれぞれ1年と，大阪に10カ月ですね」

〔2015年度本試験 第1問 問2〕

▶女性の2回目の発言にある Where else have you lived in Japan？の else は「他に，他の」の意味で，情報を付け足す働きをしています。また，男性の最後の発言の and も，複数の情報を並べたり，追加する働きをしています。

◆◆ ＋α 時系列（A→B→C…）：A して，次に B して，それから C して…

　日記，物語，紀行文，伝記，歴史的な出来事の説明では，通例，出来事が時系列で述べられます。共通テストでは，下記のようなイラストを出来事の順番通りに並べる問題も出題されたことがあります。**順序を表す表現**や**時制**に注意して，出来事を整理しながら，必要な情報を聞き取りましょう。

■ 例題

　女の子がペットの猫（サクラ）について話しています。話を聞き，その内容を表したイラスト（①～④）を，聞こえてくる順番に並べなさい。**音声は1回流れます。**

$$\boxed{1} \rightarrow \boxed{2} \rightarrow \boxed{3} \rightarrow \boxed{4}$$

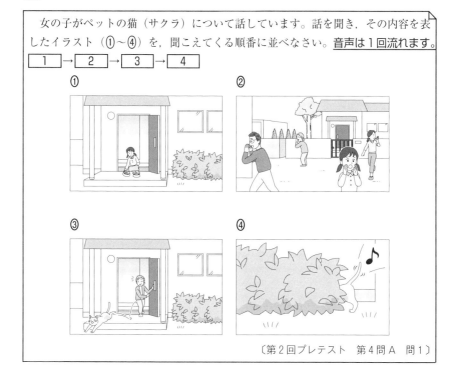

〔第2回プレテスト 第4問A 問1〕

---

① イラストを先に見て，必要になりそうな情報を予測しておく。

✔ 猫が逃げ出して，皆で探すという展開だと予測できる。

② 「つながり」を意識して聞く。

✔ 接続詞や順序を表す表現に注意をして，時系列に情報を整理し，イラストと対応させる。

POINT

放送内容 《我が家の猫の脱走》

　Last Saturday, <u>when my grandmother opened the front door of our house, our family cat, Sakura, ran out</u> to chase a bird. My grandmother tried to catch her, but Sakura was too fast. <u>My family began looking for her</u>. When it got too dark to see, we gave up our search for the night. We were so sad. <u>I placed food and water outside the door</u> in case Sakura came home. The next morning I ran to the door to check the food. The food had been eaten, but Sakura wasn't there. Then suddenly, <u>from behind the bushes, I heard a soft "meow."</u>

訳　　この前の土曜日，<u>祖母が正面玄関を開けると，うちの飼い猫のサクラが鳥を追</u>いかけて<u>外に走り出した</u>。祖母が捕まえようとしたが，サクラは動きがあまりにも速かった。<u>私の家族は彼女を捜し始めた</u>。真っ暗になりあたりが見えなくなるころ，その晩の捜索を打ち切った。私たちは大変悲しかった。サクラの帰宅に備えて，<u>私はドアの外にえさと水を置いておいた</u>。次の日の朝，私はドアのところまで走って行き，えさを確かめた。えさは食べられていたが，サクラはそこにはいなかった。そして突然，<u>茂みの後ろから「ニャー」という穏やかな鳴き声がした</u>。

◇ front door「正面玄関」　◇ chase「～を追い求める」　◇ look for ～「～を捜す」
◇ get dark「暗くなる」　◇ give up the search「捜索を打ち切る」
◇ place「～を置く」　◇ in case SV「～する場合に備えて」
◇ bush(es)「茂み，やぶ」　◇ meow「『ニャー』という猫の鳴き声」

▶この問題では，上の英文の下線部の箇所の情報に基づき，③→②→①→④が正解とわかります。第1文の our family cat, Sakura は，第2・3文では her に言い換えられています。その他，Last ～ や The next～，Then などの表現から，ストーリーの展開を理解していきましょう。

　第1章では必要な情報を探すことが中心で，「つながり」をそれほど意識しなくとも部分的な情報だけで解答することができる問題が大半でしたが，この第2章では複数の情報の「つながり」を考えて解答する問題が中心となっています。複数の情報が

並んだ時，その情報同士の間に何らかの「つながり」が生まれます。演習問題を通じて，そのつながりが「順接」なのか「逆接」なのか「説明」なのか，あるいは「時系列」なのかをその都度判断し，設問に解答するために必要な情報を取捨選択しながら聞き取る練習をしましょう。

　なお，抽象化（一般化）については，アプローチでは詳しく取り上げませんでしたが，特に長めの会話やモノローグでは，**具体的な複数の情報をまとめる力**が求められることが多いため，演習問題ではその点にも注意して解いてください。

 # 第2章の学習チェックポイント

以下のことに注意しながら，第2章の演習問題を解いてみましょう。

☐ 英語では一つの情報を様々な表現で言い換える癖があることは理解できているか？

☐ 情報のつながりを意識し，次にどのような情報が続くかを考えながら聞いているか？

☐ ディスコースマーカーがなくてもつながりを意識しながら聞けているか？

☐ 時系列に出来事が展開している文章の場合，出来事を整理し，選択肢と照らしながら聞けているか？

MEMO

演習問題

28 ～ **30** それぞれの問いについて，対話の場面が日本語で書かれています。対話を聞き，問いの答えとして最も適切なものを，四つの選択肢（①～④）のうちから一つずつ選びなさい。（問いの英文は書かれています。）**音声は1回流れます。**

28 観光案内所で，観光客が質問をしています。

Why is the woman disappointed?

① American art is not on display.
② Asian art is not exhibited today.
③ The museum is now closed permanently.
④ The website is temporarily not working.

〔2022年度本試験　第3問　問15〕

29 コンピューターの前で，生徒同士が話をしています。

Why is the boy having a problem?

① He didn't enter a username.
② He didn't use the right password.
③ He forgot his password.
④ He mistyped his username.

〔2022年度本試験　第3問　問16〕

30 友人同士が野球の試合のチケットについて話をしています。

Why is the man in a bad mood?

① He couldn't get a ticket.
② He got a ticket too early.
③ The woman didn't get a ticket for him.
④ The woman got a ticket before he did.

〔2021年度本試験（第1日程）　第3問　問16〕

31 ～ 32 話を聞き，それぞれの問いの答えとして最も適切なものを，選択肢から選びなさい。**問題文と図表を読む時間が与えられた後，音声が1回流れます。**

31 友人が，子どもの頃のクリスマスの思い出について話しています。話を聞き，その内容を表した四つのイラスト（①～④）を，出来事が起きた順番に並べなさい。

①

②

③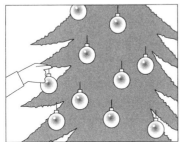

④

〔2022 年度本試験　第4問A　問 18～21〕

第2章

32 女の子がある映画について話しています。話を聞き，その映画の内容を表した
イラスト（①〜④）を聞こえてくる順番に並べなさい。

$$\boxed{1} \rightarrow \boxed{2} \rightarrow \boxed{3} \rightarrow \boxed{4}$$

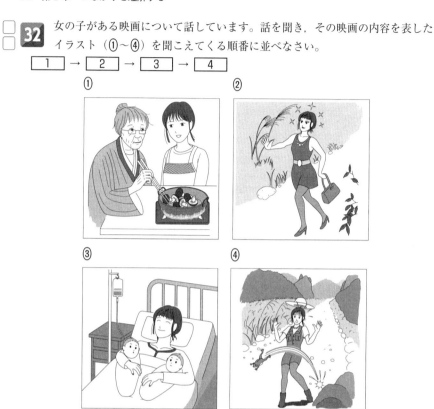

①　　　　　　　　　　　②

③　　　　　　　　　　　④

〔2013年度本試験　筆記　第5問　改〕

33 二人の対話を聞いて，以下の二つの問いの答えとして最も適切なものを，四つの選択肢（①〜④）のうちから一つずつ選びなさい。（問いの英文は書かれています。）<u>状況と問いを読む時間が与えられた後，音声が１回流れます。</u>

<u>状況</u>
　二人の大学生が，日本の高校で行った修学旅行について英語の授業で話しています。

問1　What is the woman's main point?

① She found it difficult to use English in Australia.
② She thinks a school trip abroad is worthwhile.
③ She wanted more chances to travel outside Japan.
④ She wishes she had gone to Hiroshima instead.

問2　What is the man's main point?

① He disliked being asked questions about Japan.
② He felt that domestic school trips should be longer.
③ He thought he wasn't able to appreciate his school trip.
④ He wanted to go to Australia instead of Nara.

〔第１回プレテストB　第６問A〕

34 二人の対話を聞き，それぞれの問いの答えとして最も適切なものを，四つの選択肢（①〜④）のうちから一つずつ選びなさい。（問いの英文は書かれています。）状況と問いを読む時間が与えられた後，音声が1回流れます。

状況

Julia が，Tom と料理について話をしています。

問1　What is Tom's main point?

① Certain dishes are difficult to make.

② Imagination is an important part of cooking.

③ Some ingredients are essential for flavor.

④ Successful recipes include many steps.

問2　What does Julia think about cooking?

① Cooking creatively is more fun than following a recipe.

② Cooking with feeling is the highest priority.

③ It is easy to make a mistake with measurements.

④ Preparing food requires clear directions.

〔2022 年度本試験　第6問A〕

解答解説

28 正解は①

① 日本語の説明・問い・選択肢を見て，何が問われているかを把握する。
✔ 観光案内所での会話で「女性ががっかりした理由」を聞き取る。
② 「つながり」を意識して聞く。
✔ 女性が最後に Too bad. と言った理由を考える必要がある。会話の流れから因果関係を理解する力が問われている。

問　女性はなぜがっかりしているのか。
① アメリカ芸術は展示されていない。
② 今日はアジア芸術が展示されていない。
③ その博物館は現在，完全に閉鎖されている。
④ ウェブサイトが一時的に機能していない。

放送内容　《博物館の展示》
W : How do I get to the museum?
M : You mean the new city museum?
W : Yeah, the one featuring American art.
M : That museum displays works from Asia, not from America.
W : Really? I saw American art on their website once.
M : That was a temporary exhibit, on loan from another museum.
W : Too bad.

訳　女性：博物館にはどのようにして行けばいいですか？
男性：新しい市立博物館のことですか？
女性：ええ，アメリカ芸術を呼び物にしている博物館です。
男性：あの博物館はアメリカのではなく，アジアの芸術を展示しているのですよ。
女性：本当ですか？　前にウェブサイトでアメリカ芸術を見たんですが。
男性：あれは，他の博物館からの貸し出しで，一時展示だったんです。
女性：まあ，残念だわ。

◇ feature「～を呼び物にする，特集する」
女性の2番目の発言に「アメリカ芸術を呼び物にしている博物館」とあり，女性はこ

れに興味を持っていることがわかる。男性の2番目の発言に「アメリカではなくアジアの芸術が展示されている」とあり，女性はあてが外れたことになる。①が正解。

29　正解は④

① 日本語の説明・問い・選択肢を見て，何が問われているかを把握する。
✔ 「ユーザー名」か「パスワード」について，少年がどのような問題を抱えているのかを聞き取る。
② 「つながり」を意識して聞く。
✔ まず，冒頭のI can't log in. から少年が困っていることを理解し，最後の発言からその理由を読み取る必要がある。

POINT

問　なぜ少年は困っているのか。
　① ユーザー名を入力しなかった。
　② 正しいパスワードを使わなかった。
　③ 自分のパスワードを忘れた。
　④ ユーザー名を打ち間違えた。

放送内容　《ログインの方法》
M : Hey, I can't log in.
W : Did you put in the right password?
M : Yes, I did. I retyped it several times.
W : And is your username correct?
M : I think so.... It's my student number, isn't it?
W : Yes. But is that your student number?
M : Uh-oh, I entered two zeros instead of one.

訳　男性：ねえ，ログインできないんだけれど。
　　女性：正しいパスワードは入れたの？
　　男性：うん。何回か打ち直したよ。
　　女性：それとユーザー名は正しい？
　　男性：そう思うけど…。それって，学生番号だよね？
　　女性：そうよ。でも，それあなたの学生番号なの？
　　男性：うわっ，ゼロ1個じゃなくて，2個入力してたよ。

女性が2番目の発言で「ユーザー名は正しいか」と尋ねており，男性は最後の発言でゼロを一つ多く入力していたことに気づいている。④が正解。

30 正解は①

① 日本語の説明・問い・選択肢を見て，何が問われているかを把握する。

✔ 「男性はなぜ機嫌が悪いのか」が問われている。

② 「つながり」を意識して聞く。

✔ 因果関係を理解する力が問われている。女性に What happened? と聞かれた後，男性が説明した内容（チケットがすでに売り切れていた）から判断する。

第2章

問　男性はなぜ機嫌が悪いのか。

① 彼はチケットを手に入れることができなかった。
② 彼はチケットを買うのが早過ぎた。
③ 女性が彼のチケットを買わなかった。
④ 女性は彼が買う前にチケットを買った。

放送内容 《チケットの購入》

W : Hey, did you get a ticket for tomorrow's baseball game?

M : Don't ask!

W : Oh no! You didn't? What happened?

M : Well... when I tried to buy one yesterday, they were already sold out. I knew I should've tried to get it earlier.

W : I see. Now I understand why you're upset.

訳 女性：ねえ，明日の野球の試合のチケットは買った？

男性：聞かないでくれ！

女性：まあ！　買わなかったの？　何があったの？

男性：うーん…昨日買おうとしたら，もう売り切れだったんだよ。もっと早く買うようにすべきだったってわかったんだ。

女性：なるほど。なんで機嫌が悪いのかそれでわかったわ。

◇ should've *done*「～すべきだった（が，しなかった）」

男性の2番目の発言に「買おうとしたらすでに売り切れだった」とある。①が正解。

31　　　1 → 2 → 3 → 4　　正解は②→④→①→③

① イラストを先に見て，必要になりそうな情報を予測しておく。
✔ 子どもの頃のクリスマスに起きたことを**時系列**に把握することが求められている。
✔ ①プレゼントを抱えた男性／②時計（9時）／③クリスマスツリーの飾り付け／④ドアを開ける男性
② 「つながり」を意識して聞く。
✔ 時系列に情報を整理して（本問は聞こえてくる順に理解できればよい），イラストと対応させる。

POINT

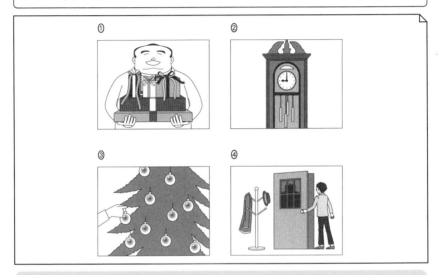

放送内容 《楽しい思い出》

　I always enjoy the holidays. One of my happiest memories is about a snowy night just before Christmas. As <u>the hall clock struck nine</u>, there was a loud knock at the door. "Who could it be?" we wondered. <u>My father went to the door</u>, and in a surprised voice we heard, "Oh, my... look who's here!" We all ran to the hall, and <u>there was my favorite uncle with his arms full of gifts</u>. He surprised us with a visit. Then, <u>he helped us decorate our Christmas tree</u>. We had so much fun.

訳　休暇はいつでも楽しい。最も楽しかった思い出の一つは，クリスマス直前の雪の降る夜のものだ。<u>玄関の時計が9時を打った</u>とき，ドアに大きなノックの音が

した。「いったい誰だろう」と私たちは思った。**父がドアのところに行き**，それから私たちが聞いたのは，「いやあ，びっくりした…誰が来たか見てごらん！」という驚きの声だった。私たちがみんな玄関のほうに走っていくと，**そこにいたのは両腕いっぱいに贈り物を抱えた，私の大好きなおじさんだった**。おじさんは私たちをびっくりさせに来たのだ。それから，**おじさんは私たちがクリスマスツリーの飾りつけをするのを手伝ってくれた**。とても楽しかった。

◇ strike＋数字「(時計が) 〜時を打つ」

◇ Who could it be?「いったい (戸口にいるのは) 誰だろう」 could は怪しむ気持ちを表す。

◇ with his arms full of gifts「両腕が贈り物でいっぱいの状態で」が直訳。with O C「OがCの状態で」の付帯状況の表現。

◇ surprise *A* with *B*「*B* で *A* を驚かせる」

| 1 | 正解は②

第3文 (As the hall clock …) に「時計が9時を打った」とあり，これを表すのは②の絵である。②が正解。

| 2 | 正解は④

第5文 (My father went …) に「父がドアのところに行き」とあり，これを表しているのが④の絵である。④が正解。

| 3 | 正解は①

第6文 (We all ran …) で，みんなが玄関に行くと，「そこにいたのは両腕いっぱいに贈り物を抱えた…おじさんだった」とある。①が正解。

| 4 | 正解は③

第8文 (Then, he helped …) に「おじさんは私たちがクリスマスツリーの飾りつけをするのを手伝ってくれた」とある。これにあたるのは③。

第2章

32 [1] → [2] → [3] → [4]　　正解は④→②→①→③

① イラストを先に見て，必要になりそうな情報を予測しておく。
✔ ①老女と若い女性，キノコの入った鍋／②着飾った若い女性／③若い女性と双子の赤ちゃん／④若い女性とカエル，女性は驚いている。
② 「つながり」を意識して聞く。
✔ 与えられた順番に情報を理解してイラストと対応させることが求められている。

POINT

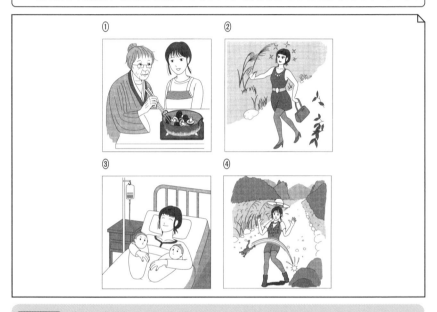

放送内容 《ある映画のストーリー》

　My favorite movie is "*Tomo and Aki*," a story about a young couple who move to the countryside. It starts with a huge frog jumping in front of Aki, the main female character. She regrets their move and tries to somehow maintain her city lifestyle by wearing high heels and perfect makeup. One day, she meets an old woman. She teaches Aki how to cook wild mushrooms while telling her a traditional folk story from the village. After the experience, Aki's mind gradually changes. At the end of the story, she gives birth to twins, which helps her to let go of the past completely. She makes up her mind to live in the village forever.

訳 私のお気に入りの映画は『トモとアキ』という，田舎に引っ越してきたある若い夫婦についての物語です。**それは巨大なカエル**が主人公の女性の**アキの目の前に飛び出してくるところから始まります**。彼女は自分たちが引っ越したことを後悔し，**ハイヒールを履いて完璧な化粧をすることでどうにかして自分の都会でのライフスタイルを維持しようとします**。ある日，彼女は一人の老女に出会います。**彼女はアキ**に村の伝統的な民話を語りながら**野生のキノコの調理の仕方を教えます**。その経験の後，アキの考えが次第に変わります。物語の最後に，**彼女は双子を出産**し，そのことが，彼女が過去を完全に手放す助けとなります。彼女はその村でずっと生きる決意をします。

◇ start with ～「～から始まる」　◇ folk story「民話」　◇ gradually「次第に」
◇ give birth to ～「～を産む」　◇ twins「双子」　◇ let go of ～「～を手放す」
◇ make up *one's* mind to *do*「～する決意をする」

第2文（It starts with …）では冒頭の場面でカエルが飛び出してきたと述べられているので，④がこれに相当する。第3文（She regrets their move …）で「ハイヒールを履いて完璧な化粧をする」と述べられているので，②がこれに相当する。第5文（She teaches Aki …）でアキが老女からキノコの調理を教わったと述べられているので，①がこれに相当する。第7文（At the end …）では物語の最後にアキが双子を出産したことが述べられているので，③がこれに相当する。よって，④→②→①→③の順であるとわかる。

第2章

33

① 「状況」と問いを先に見て，何が問われているかを把握する。
✔ 修学旅行について女性と男性のそれぞれの話の「要点」が求められている。
② 「つながり」を意識して聞く。
✔ 具体的な情報を抽象化することと，複数の情報を比較して総合的に判断する能力が求められている。

POINT

放送内容 《修学旅行の行き先》

M : We went to Australia on our school trip.

W : Nice! We only went to Tokyo. I've never been abroad, and I wish I could have gone when I was a high school student.

M : Oh, yeah? In fact, looking back, I wish I had gone somewhere in Japan—like Hiroshima or Nara because I wasn't ready to go abroad yet.

W : What do you mean? You can go to places like that any time. Maybe you wouldn't have had a chance to go abroad otherwise.

M : I wish I had known more about Japan back then. People in Australia asked me a lot of questions about Japan, but it was very hard for me to answer them. Also, I needed more English skills.

W : But, didn't you find that using English in real situations improved your skills? I wish I had had that opportunity.

M : No, not really. The trip was too short to really take advantage of that.

W : In any case, such an experience should be appreciated.

訳 男性：修学旅行でオーストラリアに行ったんだ。

女性：いいわね！ 私たちは東京にしか行ってないのよ。**私，海外に行ったことがないから，高校生のうちに行ければよかったなぁ。**

男性：へぇ，そう？ 実際，思い返してみると，**僕は広島や奈良みたいな国内のどこかに行ってたらよかったのにって思ってる**よ。だってまだ海外に行く準備ができていなかったからね。

女性：どういう意味？ そんな場所，いつでも行けるじゃない。たぶん，それ以外で海外に行く機会なんてなかったでしょうに。

男性：**あの時，もっと日本について知っていたらよかったって感じてる**んだ。オーストラリアの人々が僕に日本についての質問をたくさんしてきたんだけど，その質問に答えるのが僕にとってはとても難しかったんだ。それにね，

　　　もっと英語力が必要だったよ。
女性：でも，実際の状況で英語を使うことで英語力が向上するって思わなかった？　私はそんな機会が欲しかったなぁ。
男性：いや，そうでもないよ。修学旅行は短すぎて本当にその機会を活かすことはできなかったさ。
女性：とにかく，そんな経験，ありがたく思いなさいよ。

◇ school trip「修学旅行」
◇ I wish I could have *done*「～できていたらよかったのに」
◇ looking back「今思えば，思い返せば」
◇ I wish I had *done*「～していたらよかったのに」
◇ somewhere「どこか」　◇ be ready to *do*「～する準備ができている」
◇ any time「いつでも」　◇ otherwise「それ以外で，そうでないと」
◇ opportunity「機会」　◇ too … to *do*「…すぎて～できない」
◇ take advantage of ～「～をうまく利用する」
◇ in any case「とにかく，いずれにせよ」
◇ appreciate「～を高く評価する，～をありがたく思う」

問1　正解は②

> 問　女性の話の要点は何ですか。
> ①　彼女はオーストラリアで英語を使うのが難しいと感じた。
> ②　彼女は修学旅行で海外に行くことに価値があると考えている。
> ③　彼女は日本以外の場所を旅する機会がもっと欲しいと思っていた。
> ④　彼女は代わりに広島に行きたかったと思っている。

女性の1つ目の発言第3文（I've never been abroad, …）「私，海外に行ったことがないから，高校生のうちに行ければよかったなぁ」や3つ目の発言最終文（I wish I had …）「私はそんな（＝海外の実際の状況で英語を使う）機会が欲しかったなぁ」，さらに女性の最後の発言「そんな経験，ありがたく思いなさいよ」より，彼女が修学旅行で海外に行くことに非常に魅力を感じていることがわかる。②が正解。

問2　正解は③

> 問　男性の話の要点は何ですか。
> ①　彼は日本に関する質問をされるのが嫌だった。
> ②　彼は国内の修学旅行がもっと長い期間であるべきだと感じた。
> ③　彼は自分の修学旅行をありがたく感じることができないと思った。
> ④　彼は奈良の代わりにオーストラリアに行きたかった。

男性の2つ目の発言第2文（In fact,…）「僕は国内のどこかに行ってたらよかったの
にって思ってるよ」，3つ目の発言第1文（I wish I had …）「あの時，もっと日本
について知っていたらよかったって感じてるんだ」や最終文（Also, I needed …）
「もっと英語力が必要だったよ」より，海外に行くのは自分には早すぎたと感じてい
ることから，③が正解。

34

> ① 「状況」と問いを先に見て，何が問われているかを把握する。
> ✔ 料理についての2人の話者の論点・主張を把握することが求められている。
> ② 「つながり」を意識して聞く。
> ✔ 会話の中の断片的な情報をまとめることが求められる。

放送内容 《料理への取り組み方》

Julia：Oh, no. I'm out of butter.

Tom：What are you making, Julia?

Julia：I was going to make an omelet.

Tom：How about using olive oil instead?

Julia：But, Tom, the recipe says to use butter.

Tom：Why don't you just change the recipe?

Julia：I don't like cooking that way.

Tom：I just throw together whatever is in the refrigerator. <u>For me, cooking is a creative act</u>.

Julia：Not for me. <u>I need to follow a recipe.</u>

Tom：<u>I like to think about how the ingredients will combine</u>.

Julia：I don't have to think about it if I follow a recipe precisely. <u>I use measuring spoons, a measuring cup, and a step-by-step recipe</u>. You like my food, don't you?

Tom：Absolutely. Your beef stew is especially delicious.

Julia：See? <u>There is something to be said for sticking to a plan</u>. And without butter I cannot make an omelet.

Tom：OK. So, what are you going to do with those eggs?

Julia：How about boiled eggs? Where's the recipe?

訳 ジュリア：あら，いけない。バターがないわ。

トム：何を作っているの，ジュリア？

ジュリア：オムレツを作るつもりだったのよ。

トム：代わりにオリーブオイルを使ったら？

ジュリア：でもトム，レシピにはバターを使えってあるの。

トム：レシピを変えればいいんじゃないの？

ジュリア：そんなふうに料理をするのは好きじゃないわ。

トム：僕は何でも冷蔵庫にあるものを全部放り込んじゃうけどね。<u>僕にと</u>

　　　　　　っては，料理は創造的行為だから。
ジュリア：私はそうじゃないのよ。<u>私はレシピどおりにする必要があるの。</u>
　　トム：<u>僕は材料がどんなふうに組み合わさるか考えるのが好きだな。</u>
ジュリア：レシピに正確に従えば，そういうことを考える必要がないでしょ。<u>私
　　　　　は計量スプーン，計量カップ，レシピの手順を使うわ。</u>私の作る料理
　　　　　は好きでしょう？
　　トム：大好きだよ。君のビーフシチューは特においしいよね。
ジュリア：でしょ？　<u>　計画どおりにやることには一理あるのよ。</u>だから，バター
　　　　　がないとオムレツは作れないの。
　　トム：わかったよ。それで，その卵はどうするつもり？
ジュリア：ゆで卵はどうかしら？　レシピはどこ？

◇ be out of ～「(一時的に)〜がなくなっている，切らしている」
◇ How about A〔doing〕?「A〔〜するの〕はどうですか」
◇ Why don't you ～?「〜してはどうですか」
◇ ingredient「(料理などの)材料」　◇ combine「結びつく」
◇ step-by-step「段階ごとの」
◇ There is something to be said for ～.「〜には取柄がある，一理ある」
◇ stick to ～「(約束・規則など)を守る」

問1　正解は②

┌───┐
│ 問　トムの言いたいことの要点は何か。
│　①　ある種の料理は作るのが難しい。
│　②　想像力は料理の重要な部分だ。
│　③　材料の中には風味に欠かせないものがある。
│　④　うまくいくレシピには手順がたくさんある。
└───┘

トムの4番目の発言第2文（For me, …）に「僕にとっては，料理は創造的行為だ」，
5番目の発言に「僕は材料がどんなふうに組み合わさるか考えるのが好きだ」とある。
②が正解。

問2　正解は④

> 問　ジュリアは料理についてどのように考えているか。
> ① 創造的に料理することは，レシピに従うより楽しい。
> ② 心をこめて料理することが最優先事項だ。
> ③ 計量では簡単に間違いをしてしまうものだ。
> ④ 食べ物を調理することには，はっきりとした指示が必要だ。

ジュリアの5番目の発言第2文（I need to …）に「私はレシピどおりにする必要がある」，6番目の発言第2文（I use measuring spoons, …）に「私は計量スプーン，計量カップ，レシピの手順を使う」，7番目の発言第2文（There is something …）に「計画どおりにやることには一理ある」とある。④が正解。

第2章

第3章

推測する

 音声について

本章に収載している問題の音声は，下記の音声専用サイトで配信しております。

 http://akahon.net/kplus/k-listening/

アプローチ

共通テストでは，本文の内容から推測することを求める設問も出題されています。

> **What is the boy likely to do?**　その少年は何をする可能性があるだろうか？
>
> 〔2022年度本試験　第3問　問1〕

また，このように設問の指示で明示的に推測するように求められていなくとも，問題によっては与えられた情報から推測して解答せざるを得ないものもあります。

 例題1

対話とそれについての問いを聞き，その答えとして最も適切なものを，四つの選択肢（①〜④）のうちから一つ選びなさい。<u>音声は2回流れます。</u>

遊園地で乗り物の話をしています。

①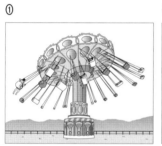

②

③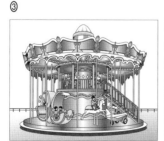

④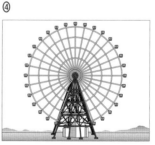

〔第2回プレテスト　第2問　問4〕

① 日本語の説明とイラストを先に見て，必要になりそうな情報を予測しておく。

② 音声を聞きながら，該当しないイラストを消去していく。

✔ 乗り物の名前は出てこないので，男性の発言とイラストからわかる特徴（高い，速いなど）を照合して，消去法を使って推測することになる。

放送内容 《遊園地の乗り物》

W : This place is famous for its roller coaster!

M : Oh ... no, I don't like fast rides.

W : Well then, let's try this!

M : Actually, I'm afraid of heights, too.

Question : Which is the best ride for the man to try?

訳 女性：ここはジェットコースターで有名なのよ！

男性：わぁ…ダメだ．**僕は高速の乗り物は苦手なんだ**。

女性：それじゃあ，これにしましょうよ！

男性：実はね，**僕は高いところも怖いんだ**。

質問：男性が挑戦するのに最適な乗り物はどれか。

▶ この問題では，上の英文の下線部の情報に基づき，③が正解とわかります。「速い乗り物が好きではない」と「高いところも怖い」という情報から，①・②・④が不可であると推測する必要があります。

　こうした問題では，読み上げられる英文ではっきりと述べられていない情報を，与えられた情報から推測して解答しなくてはならず，消去法を併用して，矛盾した内容の選択肢や全く無関係の選択肢を消しながら，正解の選択肢がなぜ正解と推測できたのかを自分の言葉で説明できるように練習する必要があります。

　さらに，背景知識（常識）を活用して情報の真偽を判断しなくてはならない問題もあります。

例題 2

　対話を聞き，問いの答えとして最も適切なものを，四つの選択肢（①〜④）のうちから一つ選びなさい。<u>音声は 1 回流れます。</u>

寮のパーティーで，先輩と新入生が話をしています。

What is true about the new student?

① He grew up in England.

② He is just visiting London.

③ He is studying in Germany.

④ He was born in the UK.

〔2023 年度本試験　第 3 問　問 15〕

---

① 日本語の説明・問い・選択肢を見て，何が問われているかを把握する。

✔ 「新入生について正しいこと」を選択肢から選ぶ。

✔ 選択肢より，新入生の出身地や今の状況についての会話だと推測できる。

② 「何について」「どのような状況で」話しているかを考える。

✔ 「ロンドン出身」という情報から「英国生まれ」という④を正解と判断することになる。

POINT

放送内容　《新入生のプロフィール》

W : How was your first week of classes?

M : Good! I'm enjoying university here.

W : So, <u>are you originally from here? I mean, London</u>?

M : <u>Yes</u>, but my family moved to Germany after I was born.

W : Then, you must be fluent in German.

M : Yes. That's right.

訳 女性：授業の第 1 週はどうだった？
　　男性：良かったです！　ここで大学を楽しんでいますよ。
　　女性：で，<u>もともとこちらの出身？　つまり，ロンドン</u>？
　　男性：<u>ええ</u>，でもうちの家族は，僕が生まれたあとドイツに引っ越したんです。
　　女性：じゃあ，きっとドイツ語もぺらぺらね。
　　男性：ええ，そうです。

▶この問題では，上の英文の下線部の情報に基づき，④「**彼は英国で生まれた**」が正解と判断します。London が the UK の中に含まれているという背景知識が必要な

問題です。

▶その他の選択肢は以下の通りです。① 「彼はイングランドで育った」　② 「彼はちょっとロンドンを訪れているだけである」　③ 「彼はドイツで勉強している」

■■ 例題3

> 次の問いについて，聞こえてくる英文の内容に最も近い意味の英文を，四つの選択肢（①～④）のうちから一つ選びなさい。<u>音声は2回流れます</u>。
>
> ① She is sorry we can't see the view.
> ② She regrets having missed the view.
> ③ She should have enjoyed the view.
> ④ She suggests that we enjoy the view.
>
> 〔第1回プレテストB　第1問A　問4〕

① 選択肢に目を通して，特徴を把握する。
✔ 主語はすべて She。選択肢には彼女の感情や主張に関する表現が用いられているため，彼女がどのような感情を抱いているか，あるいは主張をしているかを考える。
② 「何について」「どのような状況で」話しているかを考える。
✔ 命令文「見逃すな」→「ぜひ見てほしい」という〈提案〉をしていると推測する。

▶この問題は，聞こえてくる英文から，その英文に登場する人物またはその英文を発話している人物が何をしているのか，何が起こっているのか，また，発話の意図などを推測することが求められます。

▶まずは，できるだけ選択肢に目を通しておきます。主語はすべて She なので，読まれる英文は女性の行動について説明されているか，女性の発話だとわかります。また，選択肢の動詞に目を通すと，すべて感情や主張に関する表現が用いられているので，彼女がどのような感情を抱いているか，あるいは主張をしているかを考えて聞きましょう。

【放送内容】

W : <u>Don't miss</u> the colored leaves along the river in the fall.

訳　女性：秋のその川沿いの紅葉を<u>お見逃しなく</u>。

▶文頭 Don't miss ～ が「～を見逃してはいけない」という意味の否定命令文となっていますが，これは単に「命令」しているという解釈の他に，「ぜひ見てほしい」

と相手に対して強く勧める意図で発せられた発話であると解釈することもできます。そのことから，④「彼女は私たちにその眺めを楽しむようにと提案している」が正解となります。

▶その他の選択肢は以下の通りです。①「彼女は私たちがその眺めを見られないことを残念に思っている」　②「彼女はその眺めを見逃したことを後悔している」　③「彼女はその眺めを楽しむべきであった」

　この例題3では，対話形式で出題された例題1・2とは異なり，1文だけで発話の〈意図〉を推測することが求められています。前後関係がなく情報量が少ないため，例題1・2と比べて解釈が難しいと言えます。しかし，今後，どのような出題形式になったとしても，発話の〈意図〉を問う問題は思考力・判断力を問う問題の一環として出題されると考えられますので，〈意図〉を考えながら聞くことを心がけましょう。

　また，推測するためには，第0章で述べたような基本的な英語力（語彙力，文法的に正しく英文を読む力）や第2章で述べたような「つながり」を把握する能力も求められます。そうした力を十分に養いましょう。

 # 第3章の学習チェックポイント

以下のことに注意しながら，第3章の演習問題を解いてみましょう。
- ☐ 推測が求められる問題で根拠を持って解答できるか？
- ☐ 推測するために必要な知識は十分に持っているか？

MEMO

演習問題

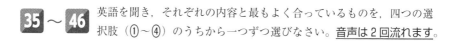

35～**46** 英語を聞き，それぞれの内容と最もよく合っているものを，四つの選択肢（①～④）のうちから一つずつ選びなさい。音声は2回流れます。

35
① The speaker found his suitcase in London.
② The speaker has a map of London.
③ The speaker lost his suitcase in London.
④ The speaker needs to buy a map of London.

〔2022年度本試験　第1問A　問3〕

36
① Claire cannot meet Thomas for lunch this Friday.
② Claire hardly ever has lunch with Thomas on Fridays.
③ Claire usually doesn't see Thomas on Fridays.
④ Claire will eat lunch with Thomas this Friday.

〔2022年度本試験　第1問A　問4〕

37
① The speaker wants to find the beach.
② The speaker wants to know about the beach.
③ The speaker wants to see a map of the beach.
④ The speaker wants to visit the beach.

〔2021年度本試験（第1日程）　第1問A　問2〕

38
① I called the police.
② I have the bike key.
③ The police found the key.
④ The police lost the key.

〔第1回プレテストB　第1問A　問1〕

39
① She is asking for the menu.
② She is cooking in the kitchen.
③ She is serving some dishes.
④ She is taking their order.

〔第1回プレテストB　第1問A　問2〕

第3章

☐ **40**
① He did better on the science exam.
② He got poor scores on both tests.
③ He scored worse on the math exam.
④ He studied enough for the tests.

〔第1回プレテストB　第1問A　問3〕

☐ **41**
① He is asking her for a manual.
② He is asking her for some help.
③ He is asking her to help an Italian.
④ He is asking her to write in Italian.

〔第1回プレテストB　第1問A　問5〕

☐ **42**
① She prefers to walk to school.
② She went to school on foot.
③ The bus arrived late this morning.
④ The bus doesn't stop at the school.

〔本書オリジナル〕

☐ **43**
① She is asking about movies.
② She is making an appointment.
③ She is reserving tickets.
④ She is serving a customer.

〔本書オリジナル〕

☐ **44**
① He arrived before his friend.
② He delivered some books to the library.
③ He did not keep his promise.
④ He has to remind his friend.

〔本書オリジナル〕

☐ **45**
① She has recalled bringing an umbrella in the morning.
② She is warning people about bad weather.
③ She likes rainy days very much.
④ She will not come to work tomorrow.

〔本書オリジナル〕

46

① He does not know what to do next.

② He is asking for a translation.

③ He is recommending a menu item.

④ He would like to practice English.

〔本書オリジナル〕

第3章

47 ～ **58** それぞれの問いについて，対話の場面が日本語で書かれています。対話を聞き，問いの答えとして最も適切なものを，四つの選択肢（①～④）のうちから一つずつ選びなさい。（問いの英文は書かれています。）**音声は1回流れます。**

☐
☐ **47** 学校で，友人同士が話をしています。
What is the boy likely to do?

① Hurry to the train station
② Stay at school with the girl
③ Tell the girl to wait for him
④ Wait for the rain to stop

〔2022 年度本試験　第 3 問　問 12〕

☐
☐ **48** 男性が女性と話をしています。
What is the man likely to do?

① Buy a shoulder bag with his sister
② Choose a birthday gift for his aunt
③ Find a store with his mother
④ Get a handbag for his mother

〔2022 年度本試験　第 3 問　問 14〕

☐
☐ **49** 女性が男性と話をしています。
What does the man think about the concert?

① It should have lasted longer.
② It was as long as he expected.
③ The performance was rather poor.
④ The price could have been higher.

〔2022 年度本試験　第 3 問　問 17〕

☐
50
☐
友人同士が通りを歩きながら話をしています。
What did the woman do?

① She forgot the prime minister's name.
② She mistook a man for someone else.
③ She told the man the actor's name.
④ She watched an old movie recently.

〔2021 年度本試験（第 1 日程）　第 3 問　問 17〕

☐
51
☐
女性が歯科医院の受付係と電話で話をしています。
On what day does this conversation take place?

① Monday
② Tuesday
③ Wednesday
④ Thursday

〔2017 年度本試験　第 3 問 A　問 15 改〕

第3章

☐
52
☐
女性と男性が電話で話をしています。
Where is each person now?

① At a health food store and at a supermarket
② At a health food store and at an organic farm
③ At home and at a supermarket
④ At home and at an organic restaurant

〔2017 年度本試験　第 3 問 A　問 16 改〕

☐
53
☐
友人同士が宿題について話をしています。
What will the man find out about his neighbor?

① How long he has been a doctor
② What hospital he works at
③ When he started the volunteer work
④ Who he volunteers for

〔2018 年度本試験　第 3 問 A　問 16 改〕

54 友人同士が話をしています。
What is the man most likely to do?

① Buy the CD at a shop immediately.
② Buy the CD at a shop next week.
③ Download the song immediately.
④ Download the song next week.

〔2016 年度本試験 第3問A 問16改〕

55 女性と男性が話をしています。
Where did this conversation most likely take place?

① At a lost and found.
② At a training center.
③ In a glasses store.
④ In a stationery shop.

〔2015 年度本試験 第3問A 問16改〕

56 雨天の日に，高校生の男女が部活動について話をしています。
What can you guess from the conversation?

① The boy and the girl agree not to go to the gym.
② The boy and the girl like working out.
③ The boy does not want to exercise today.
④ The boy has been gone since yesterday.

〔第1回プレテストB 第3問 問17〕

57 男性がレストランで店員に話しかけています。
What is the man most likely to do?

① Finish the food.
② Order again.
③ Start eating.
④ Wait for the food.

〔第1回プレテストB 第3問 問18〕

58 語学学校に留学中の女子学生が，アドバイザーと話をしています。

What happened to the student?

① Her question wasn't answered.
② Her request wasn't accepted.
③ She was told not to give advice.
④ She was unable to make a suggestion.

〔第1回プレテストB　第3問　問19〕

第3章

59 ～ 60 それぞれの問いについて，対話の場面が日本語で書かれています。対話とそれについての問いを聞き，その答えとして最も適切なものを，四つの選択肢（①～④）のうちから一つずつ選びなさい。**音声は2回流れます。**

59 友達同士で買い物の話をしています。

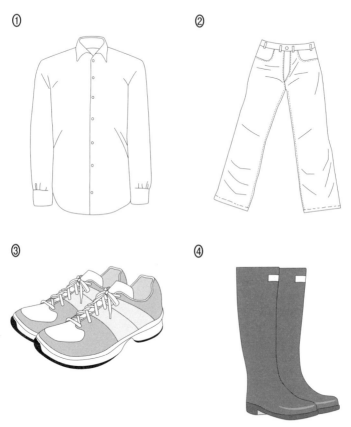

① ② ③ ④

〔第1回プレテストB　第2問　問10〕

60 ケガをした患者と医者が話をしています。

①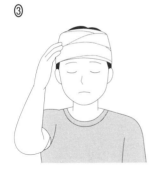

②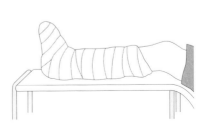

③

④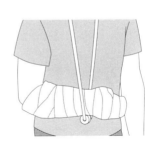

〔第1回プレテストB　第2問　問13〕

解答解説

35　正解は②

> ① 選択肢に目を通して，特徴を把握する。
> ✔ 主語はすべて The speaker なので動詞を確認しておく。時制が過去形と現在形のものがあるので，過去と現在をしっかり区別して聞き取る必要がある。
> ② 「何について」「どのような状況で」話しているかを考える。
> ✔ ロンドンの地図について，「なくしていなかった」「スーツケースの中で見つけた」という情報から，現在も地図を持っていると推測する。

> ① 話者はロンドンで自分のスーツケースを見つけた。
> ② 話者はロンドンの地図を持っている。
> ③ 話者はロンドンで自分のスーツケースをなくした。
> ④ 話者はロンドンの地図を買う必要がある。

放送内容　《地図の行方》
　I didn't lose my map of London. I've just found it in my suitcase.

訳　　ロンドンの地図をなくしてはいなかったよ。見たらスーツケースの中にあった。

「地図をなくしていなかった」「スーツケースの中に見つけた」とあるので，②が正解。

36　正解は①

> ① 選択肢に目を通して，特徴を把握する。
> ✔ すべて Claire という人名で始まっているので，動詞を確認しておく。
> ✔ Thomas という人名，lunch「昼食」，Friday「金曜日」といった情報も確認しておく。
> ② 「何について」「どのような状況で」話しているかを考える。
> ✔ too busy という表現から，「忙しすぎて何ができないのか」を推測する必要がある。

① クレアは今週の金曜日には，昼食でトーマスに会えない。
② クレアは金曜日にトーマスと一緒に昼食をとることはほとんどない。
③ クレアは通例，金曜日にトーマスと会うことはない。
④ クレアは今週の金曜日にトーマスと一緒に昼食をとる。

放送内容 《今週の予定》
　Claire usually meets Thomas for lunch on Fridays, but she's too busy this week.

訳　クレアは普段は金曜日に昼食でトーマスと会うけれど，今週，彼女は忙しすぎる。

「今週は忙しすぎる」とあるので，①が正解。前半と後半が but「しかし」でつながれている展開に注意。

第3章

37 正解は④

① 選択肢に目を通して，特徴を把握する。
✔ すべて The speaker wants to で始まっているので，それに続く動詞を確認しておく。
✔ the beach もすべてに共通するので，「浜辺について何をしたいのか」を探りながら聞く。
② 「何について」「どのような状況で」話しているかを考える。
✔ How about Sunset Beach? という疑問文が，「サンセットビーチに行こう」という勧誘の意図であることを捉える。

① 話者はその浜辺を見つけたいと思っている。
② 話者はその浜辺について知りたいと思っている。
③ 話者はその浜辺の地図を見たいと思っている。
④ 話者はその浜辺を訪れたいと思っている。

放送内容 《週末のお出かけ》
　Where can we go this weekend? Ah, I know. How about Sunset Beach?

訳　今週末はどこへ行こうか？　ああ，そうだ。サンセットビーチはどうかな？
◇ How about ～?「～はどうですか？」 提案・勧めを表す。

第1文に「どこへ行こうか」とあり，その案として「ビーチはどうか」と言っているので，④が正解。

38　正解は③

① 選択肢に目を通して，特徴を把握する。
✔ 主語はIまたはThe police。the（bike）key をどうしたか。
② 「何について」「どのような状況で」話しているかを考える。
✔ 「なくした自転車の鍵を警察が持っている」から「警察が鍵を見つけた」という内容を推測しなくてはならない。

① 私が警察に電話した。　　② 私は自転車の鍵を持っている。
③ 警察が鍵を見つけた。　　④ 警察が鍵をなくした。

放送内容　《警察からの電話》
The police just called and told me they have the bike key I lost.

訳　警察はちょうど私に電話をしてきて，私がなくした自転車の鍵を持っていると言った。

文頭 The police … called より①は不適。後半の they have the bike key I lost「彼ら（＝警察）が，私がなくした自転車の鍵を持っている」より，「警察が鍵を見つけた」と言い換えてある③が正解。the bike key I lost の部分は the bike key（which）I lost と関係代名詞の省略が起こっており，I lost は the bike key の説明となっている。

39　正解は④

① 選択肢に目を通して，特徴を把握する。
✔ 主語はすべて She なので動詞を確認しておく。選択肢が現在進行形で書いてあることから，今，何の動作を行っているところなのかを考えて聞く。
② 「何について」「どのような状況で」話しているかを考える。
✔ 「こちらがメニューでございます」からレストランの従業員による発話であること，注文を取っているということを推測しなければならない。

① 彼女はメニューを要求している。
② 彼女はキッチンで料理をしている。
③ 彼女は料理を出している。
④ 彼女は注文を取っている。

放送内容 《レストランでの注文》

W：<u>Here are your menus</u>. Today's specials are beef and chicken. Can I get you something to drink first?

訳 女性：<u>こちらがメニューでございます</u>。本日のお勧めは牛肉と鶏肉です。先に何かお飲み物をお持ちしましょうか？

第1文 Here are your menus. よりメニューを相手に手渡している場面であると判断し，④を選ぶ。メニューの説明をしていることからもわかる。take *one's* order「注文を取る」

40 正解は②

① 選択肢に目を通して，特徴を把握する。
✔ 主語はすべて He。キーワードは，the science exam, poor scores, both tests, the math exam。
② 「何について」「どのような状況で」話しているかを考える。
✔ 「数学の試験が悪かった」＋「理科の試験はさらに悪かった」→「両方悪かった」と判断する。

① 彼は理科の試験の方がよい点数を取れた。
② 彼は両方の試験で悪い点数を取った。
③ 彼は数学の試験の方が点数が悪かった。
④ 彼は試験に向けて十分に勉強をした。

放送内容 《数学と理科の試験結果》

Tom didn't do well on the math exam and did even worse on the science one.

訳 トムは数学の試験でよい点数を取れなかったが，理科の試験はもっと悪い点数であった。

◇ do well〔badly〕on the exam「テストでよい〔悪い〕点数を取る」

◇〈even＋比較級〉は比較級の強調表現。「ずっと〜な，もっと〜な」
前半より数学の試験の点数が悪かったことがわかる。後半の did even worse on the science one の one は exam を指し（the math exam：the science one），did even worse の worse は badly の比較級であることから，数学よりも理科の試験の点数の方が悪かったと解釈できる。この2つの条件に当てはまるのは②である。

41　正解は②

① 選択肢に目を通して，特徴を把握する。
✔ すべて He is asking her で始まっているので，男性が何を頼んでいるかを把握する。
② 「何について」「どのような状況で」話しているかを考える。
✔ was wondering という過去進行形は「助けていただけるかどうか疑問に思っていた」と過去の事実について話しているように思えるが，これは婉曲表現の一種で，時制を過去にずらすことで「より丁寧に依頼している」ことを表している。

① 彼は彼女に取扱説明書を求めている。
② 彼は彼女に助けを求めている。
③ 彼は彼女にイタリア人を手伝うよう頼んでいる。
④ 彼は彼女にイタリア語で書くよう頼んでいる。

放送内容 《手伝いの依頼》

M : Mrs. Rossi, I was wondering if you could help me read this manual written in Italian.

訳 男性：ロッシさん，イタリア語で書かれているこの取扱説明書を読むのを手伝ってもらえませんか。

◇ wonder if S could V「S が V してくれないかと思う」
◇ help A (to) do「A が〜するのを手伝う」

I was wondering if you could help me read this manual「私がこの取扱説明書を読むのを手伝ってもらえませんか」より，相手に対して助けを求めているとわかる。②が正解。本問では help, manual, Italian の3つの語が耳に残るが，これらの語はすべての選択肢に含まれてしまっている。放送では if you could help me read this manual「私がこの取扱説明書を読むのを手伝ってもらえないか」の部分が，選択肢では ask her for some help「彼女に助けを求める」と言い換えられている。放送文

後半の written in Italian は直前の this manual を修飾して「イタリア語で書かれたこの取扱説明書」と意味をとる。①・②ask *A* for *B*「*A* に *B* を（くれるよう）求める，頼む」　③・④ask *A* to *do*「*A* に～するよう頼む」

42　正解は②

> ① 選択肢に目を通して，特徴を把握する。
> ✔ 主語は She か The bus。「彼女がどうしたか・どうするか」，「バスがどうしたか・どうするか」に注意。
> ② 「何について」「どのような状況で」話しているかを考える。
> ✔ 「バスに乗り遅れた」＋「歩いていかなければならなかった」→「歩いていった」と判断する。

① 彼女は学校に歩いていく方が好きだ。
② 彼女は学校まで徒歩で行った。
③ バスは今朝，遅れて到着した。
④ バスは学校で停まらない。

放送内容　《今朝の通学状況》
W：I missed the bus and <u>had to walk to school</u> this morning.

訳　女性：私は今朝，バスに乗り遅れ，<u>学校まで歩いていかなければならなかった</u>。walk to ～は「～（場所）へ歩いていく」の意。放送文後半の and had to walk to school「学校まで歩いていかなければならなかった」の主語は文頭の I，つまり話し手の女性となる。②の on foot は「徒歩で」という意味なので，②が正解。なお，have to *do*「～しなければならない」の過去形は「～しなければならなかった（ので実際にした）」という意味が含まれる。

43 正解は④

① 選択肢に目を通して，特徴を把握する。

✔ 主語はすべて She なので動詞を確認しておく。選択肢が現在進行形で書いてあることから，今，何の動作を行っているところなのかを考えて聞く。

② 「何について」「どのような状況で」話しているかを考える。

✔ Would you like me to *do* ～? 「（私が）～しましょうか？」という表現から，女性が接客中であることを推測しなければならない。

① 彼女は映画についてたずねている。
② 彼女は（面会の）予約を取っている。
③ 彼女はチケットを予約している。
④ 彼女は客の対応をしている。

放送内容 《新商品を提案する店員》

W : Some new models have come in today. Would you like me to show them to you?

訳 女性：今日，新作がいくつか入りました。**ご覧になりますか**？

◇ S come in 「S が入ってくる，S を入荷する」

第2文 Would you like me to show them to you? の意味に注意。Would you like me to *do*? は「（私が）～しましょうか？」という提案の表現。「それら（= new models）をあなたにお見せしましょうか？」と相手にたずねていることから，店員が新商品を顧客に勧めている場面であると考えられるため，④が正解。Would you like to *do*?「（あなたは）～したいですか？」という表現とよく似ているため，注意が必要である。

44 正解は③

① 選択肢に目を通して，特徴を把握する。

✔ 主語はすべて He なので，彼が何をした（する）のかを聞き取る。選択肢には「友人」「本」「図書館」「約束」という名詞が見られる。

② 「何について」「どのような状況で」話しているかを考える。

✔ 「会うことにしていた」＋「行かなかった」→「約束を破った」と推測する。

① 彼は友人より前に到着した。
② 彼は図書館に本を数冊届けた。
③ 彼は約束を守らなかった。
④ 彼は友人に忘れないよう言わなければならない。

放送内容 《約束の失念》

Ralph agreed to meet his friend in the library after school, but he forgot to go there.

訳 ラルフは放課後，図書館で友人と会うことにしていたが，**そこに行くのを忘れてしまった。**

◇ agree to *do*「〜することにする，〜するのに同意する」

forget to *do* で「〜し忘れる」の意。会う約束をしたものの，結局そこ（＝図書館）へ行かなかったと述べていることから，③が正解。keep *one's* promise「約束を守る」 ④remind「（人）に思い出させる」

45 正解は②

① 選択肢に目を通して，特徴を把握する。
✔ 主語はすべて She なので，動詞（「思い出す」「注意している」「好き」「来ない」）を確認しておく。
② 「何について」「どのような状況で」話しているかを考える。
✔ 命令文 Remember to *do*.「〜するのをお忘れなく」という表現から，この発話の意図が「注意喚起」であると解釈する。

① 彼女は午前中，傘を持って来たことを思い出した。
② 彼女は人々に悪天候について注意を促している。
③ 彼女は雨の日がとても好きだ。
④ 彼女は明日，仕事に来ないことになっている。

放送内容 《天気予報》

W : Remember to bring an umbrella with you tomorrow.

訳 女性：明日は**傘を持って行くのをお忘れなく。**

remember to *do* が今回のように命令文で用いられると，「〜するのを覚えておいて，〜するのを忘れないように」という注意喚起の意味になる。よって②が正解。warn「〜に警告する」 ①の recall *doing* は「〜したことを思い出す」の意。

46　正解は②

---

① 選択肢に目を通して，特徴を把握する。

✔ 主語はすべて He なので，動詞（「知らない」「求めている」「勧めている」「練習したい」）を確認しておく。

② 「何について」「どのような状況で」話しているかを考える。

✔ I don't suppose 〜? という表現から，依頼していることを把握する必要がある。

---

① 彼は次にどうしたらいいかわからない。
② 彼は翻訳文を要求している。
③ 彼はあるメニュー項目を勧めている。
④ 彼は英語の練習をしたがっている。

[放送内容] 《レストランでの一幕》

M : I don't suppose you have an English version of the menu?

[訳] 男性：もしかしてメニューの英語版があったりしませんか？

I don't suppose (that) SV 〜? は「〜するのは無理でしょうかね？」という意味で，そこから「〜していただけませんか？」という控えめな依頼の表現として用いられる。よって男性は英語版，つまり翻訳されたメニューがあるなら見せてほしいと示唆していることから，②が正解。

47 正解は①

① 日本語の説明と問いを先に見て，何が問われているかを把握する。

✔ 会話の後の少年の行動を推測する必要があると判断する。

② 「何について」「どのような状況で」話しているかを考える。

✔ 「雨が降りそうだ」と言う少女に対して，少年は「すぐに出発するよ」と応答している。その後の少女の「駅に着く前に降り出すわよ」以降の会話から，「少年は雨が降る前に駅に向かおうとしている」ということを推測することになる。

POINT

問　少年はこれから何をしそうか。

① 急いで電車の駅に向かう　　　② 少女と一緒に学校にとどまる

③ 少女に自分を待っていてくれと言う　　④ 雨がやむのを待つ

放送内容　《あやしい雲行き》

W : It's just about to rain.

M : Then I'm leaving right now, so I won't get wet.

W : You can't get to the train station before it starts raining.

M : I think I can.

W : Well, the rain won't last long anyway. I'm waiting here.

M : Once it starts, I don't think it'll stop that soon.

訳　女性：雨が降り出しそうね。

男性：じゃあ，僕はすぐに出るよ。そうしたら濡れずに済むし。

女性：駅に着く前に降り出すわよ。

男性：大丈夫だと思うな。

女性：ねえ，どっちみちそんなに長く降り続かないわ。私はここで待つわ。

男性：いったん降り出したら，そんなにすぐにやまないと思うよ。

◇ once SV「いったんＳがＶすると」

「雨が降り出しそう」と言われて，少年は「すぐに出る」と言っている。その後も，「降り出す前に電車の駅に着ける」「いったん降り出したらすぐにはやまない」と言っていることから，①が正解。

48 正解は④

---

① 日本語の説明と問いを先に見て，何が問われているかを把握する。

✔ 会話の後の男性の行動を推測する必要があると判断する。

② 「何について」「どのような状況で」話しているかを考える。

✔ 「どこに行って何を買おうとしているのか」を，やり取りの断片的な情報をまとめて推測する必要がある。

問　男性は何をしそうか。

① 彼の妹と一緒にショルダーバッグを買う

② 彼の叔母に誕生日の贈り物を選ぶ

③ 彼の母親と一緒に店を見つける

④ 彼の母親のためにハンドバッグを買う

放送内容　《バッグの購入》

M : That's a nice handbag! Where did you get it?

W : At the new department store.

M : I want to buy one just like that for my mother's birthday.

W : Actually, I'm going there with my sister tomorrow to find a shoulder bag for my aunt.

M : Can I go with you?

W : Of course.

訳　男性：素敵なハンドバッグだね！　どこで買ったの？

女性：新しくできたデパートよ。

男性：お母さんの誕生日にちょうどそういうのを買いたいと思っているんだ。

女性：実は，叔母さんのショルダーバッグを探しに，妹と一緒に明日そこに行くことにしているのよ。

男性：一緒に行ってもいいかな？

女性：もちろん。

男性の2番目の発言で「母親のためにハンドバッグを買いたいと思っている」とあり，女性の2番目の発言の「明日そこ（＝新しいデパート）に行く」に対して，男性は3番目の発言で「一緒に行ってよいか」と尋ねている。デパートに行って母親へのプレゼント用にハンドバッグを買う可能性が高い。④が正解。

49 正解は①

① 日本語の説明と問いを先に見て，何が問われているかを把握する。
② 「何について」「どのような状況で」話しているかを考える。
✔ 冒頭の女性の問いかけから，昨日行ったコンサートの感想についての会話が始まるとわかる。
✔ 男性の最初の発言の but 以降と，最後の発言 No, not really. から，男性が不満に思っていることを推測する。

問　男性はコンサートについてどう思っているか。
① もっと長く続くべきだった。
② 彼が思っていたとおりの長さだった。
③ 演奏はかなり下手だった。
④ 料金はもっと高くてもよかった。

放送内容　《コンサートの感想》

W : How was the concert yesterday?
M : Well, I enjoyed the performance a lot, but the concert only lasted an hour.
W : Oh, that's kind of short. How much did you pay?
M : About 10,000 yen.
W : Wow, that's a lot! Do you think it was worth that much?
M : No, not really.

訳　女性：昨日のコンサートはどうだった？
男性：うん，演奏はとてもよかったよ。でもコンサートはたったの1時間だったんだ。
女性：あら，ちょっと短いわね。いくら払ったの？
男性：1万円くらい。
女性：うわぁ，それは高いわね！　それだけの価値があったと思う？
男性：いやー，あんまり。

◇ kind of 「いくぶん，かなり，どちらかというと」　口語で，形容詞・動詞を修飾する。男性の最初の発言「コンサートはたったの1時間だった」から，公演時間に不満があることがうかがえる。女性の最後の発言の「それだけ（＝1万円のチケット代）の価値があったと思うか」という問いに対して，男性の最後の発言に「あまりそうは思わない」とあることで，公演が短かったことに不満があるとはっきりする。①が正解。

50　正解は②

① 日本語の説明と問いを先に見て，何が問われているかを把握する。

② 「何について」「どのような状況で」話しているかを考える。

✔ 冒頭の女性の Look! That's the famous actor より，歩いている最中に「有名人」を見つけたという状況を理解する。

✔ 最終的に That's not him. と述べていることから「女性がしたこと」を推測する。

POINT

問　女性は何をしたか。

① 彼女は首相の名前を忘れた。

② 彼女はある男性を他の誰かと間違えた。

③ 彼女は男性にその俳優の名前を言った。

④ 彼女は最近古い映画を見た。

放送内容　《人違い》

W : Look! That's the famous actor—the one who played the prime minister in that film last year. Hmm, I can't remember his name.

M : You mean Kenneth Miller?

W : Yes! Isn't that him over there?

M : I don't think so. Kenneth Miller would look a little older.

W : Oh, you're right. That's not him.

訳　女性：見て！　あれって有名な俳優よね──去年のあの映画で首相を演じた俳優。えーっと，名前が思い出せないわ。

男性：ケネス=ミラーのこと？

女性：そう！　向こうにいるあの人，彼じゃない？

男性：違うんじゃないかな。ケネス=ミラーならもっと年がいっているよ。

女性：ああ，そうね。あれは彼じゃないわね。

女性の最初の発言で「あれは有名な俳優だ」と，ある男性のことを指して言っているが，女性の最後の発言で「あれは彼ではない」と認めている。②が正解。

51　正解は②

① 日本語の説明と問いを先に見て，何が問われているかを把握する。
✔ 曜日に関する描写に注意して聞く。
② 「何について」「どのような状況で」話しているかを考える。
✔ 歯科検診の予約のやり取りから「明後日が木曜日」という情報を聞き取り，そこから会話がなされている曜日を推測しなくてはならない。

問　この会話は何曜日に行われていますか。
① 月曜日　　　　　　　　② 火曜日
③ 水曜日　　　　　　　　④ 木曜日

放送内容 《歯科検診の予約》

M : Happy Teeth Dental Clinic. How may I help you?

W : I'd like to get my teeth checked.

M : OK. The earliest available time is tomorrow afternoon at 2 o'clock.

W : How about the day after tomorrow at 3?

M : We're closed on Thursday afternoons, I'm afraid.

W : Oh..., then, what about Thursday morning?

訳　男性：ハッピー・ティース歯科医院です。どうなさいましたか？
　　女性：歯科検診をお願いしたいのですが。
　　男性：わかりました。空いている時間でいちばん早いのは，明日の午後2時です。
　　女性：明後日の3時はどうでしょうか？
　　男性：申し訳ありませんが，木曜日の午後は休診です。
　　女性：ああ，そうですか…それでは木曜日の午前はどうですか？

女性が2番目の発言で「明後日」の都合をたずねているのに対し，男性が「木曜日の午後は休診です」と答えている。明後日が木曜日なので，この会話は火曜日に行われている。②が正解。

第3章

52 正解は③

① 日本語の説明と問いを先に見て,何が問われているかを把握する。
✔ 会話に登場する人物は別々の場所（店や家）から電話をしている。それぞれの場所を示す語句に注意して聞く。
② 「何について」「どのような状況で」話しているかを考える。
✔ 男性の発言の my shopping cart と,女性の発言の look in the kitchen から,2人がそれぞれどこにいるかを推測する。

POINT

問 それぞれの人は今どこにいますか。
① 健康食品店とスーパーマーケット
② 健康食品店と有機栽培農場
③ 家とスーパーマーケット
④ 家と有機栽培食材を使ったレストラン

放送内容 《購入する品物》

W : Hello?
M : Hi, Jennie. I've got the milk and yogurt in <u>my shopping cart</u>. What else do we need?
W : Hang on. Let me <u>look in the kitchen</u>.
M : OK.
W : Um ... . Will you get some carrots? And make sure they're organic.
M : Organic? Aren't they more expensive?
W : A little bit, but it's worth it.

訳 女性：もしもし。
男性：もしもし，ジェニー。**ショッピングカート**に牛乳とヨーグルトを入れたんだけど。他に何か要るものはある？
女性：ちょっと待って。**台所に見に行く**から。
男性：いいよ。
女性：えーっと…。ニンジンを買ってくれる？ ぜったい有機栽培のにしてね。
男性：有機栽培の？ 他のより高くない？
女性：ちょっとね，でもその価値があるわ。

◇ Hang on. 「（電話を切らないで）ちょっと待って」

女性の2番目の発言に look in the kitchen「台所に見に行く」とあるので，家にいることがわかる。また，男性は最初の発言でショッピングカートに品物を入れたと言っており，スーパーマーケットにいることがわかる。③が正解。

53　正解は③

① 日本語の説明と問いを先に見て，何が問われているかを把握する。
✔ 宿題と男性の隣人の関連に注意して聞く。
② 「何について」「どのような状況で」話しているかを考える。
✔ 冒頭の女性の「尊敬する人にインタビューする宿題はした？」から，宿題内容を理解する。
✔ 女性の3番目の「どのくらいやってるの？」と，男性の最後の「それは聞かなくちゃいけないね」から，男性が隣人について調べる内容を推測する。

問　男性は，隣人について何を調べることになりますか。
① その人がどれくらいの間医師をしているか
② その人がどの病院で働いているか
③ その人がいつボランティア活動を始めたか
④ その人が誰のためにボランティアをしているか

放送内容　《インタビューの内容》
W : Did you do the homework about interviewing someone you admire?
M : Yes. Who did you interview?
W : My aunt. She's a doctor. How about you?
M : My neighbor. He volunteers at an animal shelter.
W : Good for him! How long has he been doing that?
M : Oh, I'll have to ask him.

訳　女性：尊敬する人にインタビューする宿題はした？
男性：したよ。君は誰にインタビューしたの？
女性：おばよ。お医者さんなの。あなたは？
男性：ご近所さん。動物の保護施設でボランティアをしているんだ。
女性：すごいわね！　どのくらいやっているの？
男性：おっと，それは聞かなくちゃいけないね。

ボランティア活動をしている人へインタビューをした男性に対して，女性が，その人はそれをどのくらいやっているのかをたずねたところ，男性は I'll have to ask him.「その人に聞かなくては」と答えている。つまり，男性は，今後，インタビューした人に，ボランティア活動をしている期間を聞くことになる。始めた時期を聞く③が正解。

54　正解は②

① 日本語の説明と問いを先に見て，何が問われているかを把握する。

✔ 会話の後の男性の行動を推測する必要があると判断する。

② 「何について」「どのような状況で」話しているかを考える。

✔ 冒頭の女性の「エンジェルの新しい歌はとてもいい」と，それに続く男性の「もう CD が出ているの？」から，ある歌手の新曲と，その CD についてのやり取りであることを把握する。

POINT

問　男性が最もしそうなことは何ですか。

① すぐに店で CD を買う。　② 来週店で CD を買う。

③ すぐに歌をダウンロードする。　④ 来週歌をダウンロードする。

放送内容　《新しい歌の入手法》

W : Angel's new song's great!

M : Is the CD already out? I thought it was coming out next week.

W : Yeah, but the song's available online.

M : Really? Maybe I should download it now.

W : But if you do that, you won't get the booklet.

M : Oh, I definitely want that! I'd better wait.

訳　女性：エンジェルの新しい歌はとてもいいいわよね！

男性：もう CD が出ているの？　来週発売だと思っていたよ。

女性：そうよ，でもその歌はオンラインで買えるの。

男性：本当？　今ダウンロードしようかな。

女性：だけど，それじゃあ小冊子が手に入らないわ。

男性：ああ，それは絶対ほしいな！　待った方がいいね。

新曲はもうダウンロードできるが，それでは小冊子が手に入らないと女性が忠告している。それに対し，「（来週の CD 発売を）待った方がいい」と男性は言っている。②が正解。

55　正解は①

① 日本語の説明と問いを先に見て，何が問われているかを把握する。
✔ 会話の内容から場所を推測することが求められていると考えられる。
② 「何について」「どのような状況で」話しているかを考える。
✔ May I help you? を聞くと，お店にいるように思ってしまうが，この表現は
　お店だけではなく，他の場所でもよく使われるため，ここだけを聞いて状況を
　判断してはいけない。続く男性の「電車に眼鏡を忘れてしまいました」から，
　女性は駅員または遺失物係で，男性は乗客ではないか，と推測する。

問　この会話はどこで行われた可能性が高いですか。
　① 遺失物係で。　　　　　　　② トレーニングセンターで。
　③ 眼鏡店で。　　　　　　　　④ 文房具店で。

第3章

放送内容　《忘れ物の問い合わせ》

W : May I help you?
M : I left my glasses on the train yesterday.
W : On which train?
M : The four o'clock bound for Tokyo.
W : What do they look like?
M : They have round lenses with black frames.
W : Can you fill out this form? We'll contact you if someone brings them in.

訳　女性：お伺いいたしましょうか？
　　男性：昨日，電車に眼鏡を忘れてしまいました。
　　女性：どの電車でしょうか？
　　男性：4時の東京行きです。
　　女性：どんな眼鏡ですか？
　　男性：黒縁で丸いレンズです。
　　女性：この用紙にご記入いただけますか？　どなたかが持ち込まれましたら，ご
　　　　　連絡差し上げます。

電車に眼鏡を忘れたという男性に対して，女性は忘れた電車，眼鏡の特徴を確認した
うえで，誰かが持ってきたら連絡すると告げている。①が正解。

56 正解は③

① 日本語の説明と問いを先に見て，何が問われているかを把握する。
② 「どのような状況で」話しているかを考える。
✔ 部活動に誘う女性に対して，男性の「筋肉痛がある」「風邪をひきかけているようだ」から，男性がテニスの練習に行くことに消極的であることを推測する必要がある。

問 会話から何が推測できますか。
　① 少年と少女は体育館に行かないことで同意している。
　② 少年と少女はトレーニングをするのが好きである。
　③ 少年は今日，運動をしたくない。
　④ 少年は昨日からいない。

放送内容 《雨天時の室内練習》

M : Do we have tennis practice today?
W : Yes. We have to work out in the gym when it's raining. That's what we did yesterday, remember?
M : Yeah, my muscles still hurt from yesterday.
W : That'll go away. Let's go.
M : Actually, I think I'm getting a cold.
W : No, you're not. You always say that.

訳 男性：今日，テニスの練習ある？
　　女性：ええ。雨が降ったら体育館の中でトレーニングをしないといけないのよ。昨日もやったことでしょ，覚えてる？
　　男性：うん，昨日からいまだに筋肉痛があるよ。
　　女性：そんなの治るわよ。行きましょう。
　　男性：実は，風邪をひきかけてるようなんだ。
　　女性：いいえ，そんなことはないわ。あなたはいつもそう言うんだから。

◇ work out「体を動かす」　◇ gym「体育館」
◇ go away「なくなる，（病気が）治る」

少女が2番目の発言で体育館に行きましょうと誘っているのに対し，少年は「昨日からいまだに筋肉痛があるよ」，「実は，風邪をひきかけているようなんだ」と体調不良を訴えている流れから，体育館に行きトレーニングするのを拒否しようとしている。よって，③が適切である。④be gone「（人が）いなくなる，（物が）なくなる」

57　正解は①

① 日本語の説明と問いを先に見て，何が問われているかを把握する。
✔ 男性のこの後の行動を推測する必要があると判断する。
② 「何について」「どのような状況で」話しているかを考える。
✔ 注文したものが届くのに時間がかかるとわかった男性の最後の Then I'm fine with this. 「では，これでいいです」という発言からこの後の行動を推測する。

問　男性が最もしそうなことは何ですか。
① その料理を食べ終える。　　② 再び注文をする。
③ 食べ始める。　　　　　　　④ その料理を待つ。

放送内容 《レストランでの注文トラブル》
M : Excuse me. I ordered a tomato omelet, but this is a mushroom omelet.
W : Oh. I'm very sorry. I can bring you a new one.
M : Well ... I've already started eating.
W : If you want what you ordered, I'm afraid it'll be a couple of minutes.
M : Ah, okay. Then I'm fine with this.

訳　男性：すみません。トマトオムレツを注文したんですが，これ，キノコのオムレツなんですけど。
女性：まぁ。大変申し訳ございません。新しいものをお持ちします。
男性：いや…もう食べ始めてしまってるんですよ。
女性：ご注文いただいたものをご所望でしたら，恐れ入りますが，数分お時間をいただくことになります。
男性：あぁ，わかりました。では，これでいいです。

男性は，自分が注文した料理を提供し直してもらうには時間がかかるという情報を得て，最後に Then I'm fine with this. 「では，これでいいです」と答えている。this は目の前にある間違った料理を指し，男性はこの間違った料理でよいと言っているので，このままこの料理を食べる流れになるはず。①が正解。③の「食べ始める」は男性の2番目の発言「もう食べ始めてしまっている」より不適。また，男性の最後の発言 Ah, okay. を「（時間がかかっても）いいよ」ととらえて④にしないように注意。「時間がかかってもいい」と解釈してしまうと，その後に続く Then I'm fine with this. 「では，これでいいです」につながらない。then には「それなら，では」，fine には「十分な，差し支えない，結構な」という意味があることを把握しておこう。

58　正解は②

---

① 日本語の説明と問いを先に見て，何が問われているかを把握する。

✔ 女子学生がアドバイザーに何かを相談しているのではないかと考えながら聞く。

② 「何について」「どのような状況で」話しているかを考える。

✔ 女子学生に，授業で何らかの問題が発生したことを理解する。

✔ アドバイザーの that's what you'll have to do「そのようにしなければならないということです」は，アレン先生の発言を受けるので，そこから女子学生の「要求が却下された」ということを推測できるかどうかがポイント。

問　学生に何が起こりましたか。

①　彼女は質問に答えてもらえなかった。

②　彼女の要望は受け入れられなかった。

③　彼女は忠告をしないようにと言われた。

④　彼女は提案をすることができなかった。

放送内容　《女子学生の訴え》

W : I'd like to move to an easier class. Would that be possible?

M : You have to get permission from your teacher. Who is your teacher?

W : Ms. Allen. She said I should stay in her class for the rest of the year.

M : Then, that's what you'll have to do.

訳　女性：もっと簡単なクラスに移りたいと思っています。可能でしょうか？

　　男性：先生から許可をもらう必要がありますよ。あなたの担当の先生は誰ですか？

　　女性：アレン先生です。彼女は私に今年度内は自分のクラスにいるようにと言いました。

　　男性：では，そのようにしなければならないということですよ。

◇ permission「許可」　◇ rest「残り」

女子学生は1番目の発言でクラスの変更を希望し，アドバイザーの男性は1番目の発言で「教師の許可が必要」と答えている。教師の許可については女子学生が2番目の発言第2文で She said I should stay in her class for the rest of the year.「彼女は私に今年度内は自分のクラスにいるようにと言いました」と述べていることから，許可が下りていないことがわかる。よって，彼女のクラス変更の希望は通らない，ということになるので，②が正解である。①は女子学生の1番目の発言（質問）に対し，アドバイザーはきちんと答えているため不適。

59　正解は③

① 日本語の説明とイラストを先に見て，必要になりそうな情報を予測しておく。

✔ 「買い物の話」なのでイラストに描かれている品物が購入した（または購入したい）ものではないかと考える。

② 「何について」「どのような状況で」話しているかを考える。

✔ 女性の2回目の Do you like running?「走るのが好きなの？」という発言から，男性が走ることに関連した品物を購入したことを推測する。

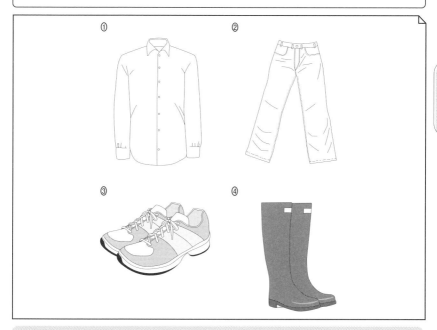

放送内容　《少年の買い物》

W : What did you buy?

M : I looked at some jeans and shirts but got these in the end.

W : Nice! Do you like running?

M : Not really, but the design looked cool.

Question : What did the boy buy?

訳　女性：あなたは何を買ったの？

男性：ジーンズとシャツをいくつか見たんだけど，最終的にはこれを買ったよ。

女性：素敵ね！　走るのが好きなの？
男性：そうでもないんだけど，デザインがかっこよく見えたんだよね。

質問：少年は何を買ったのか。

男性が got these in the end「最終的にはこれを買ったよ」と言ったのを受けて，女性が Do you like running?「走るのが好きなの？」とランニングを話題にしていることから，ランニングを目的とした靴を買ったと考えられるため，③が正解となる。got these in the end の部分はかなり聞き取りづらく，話の流れからも理解しづらいかもしれないが，直前に聞こえる jeans「ジーンズ」や shirts「シャツ」といった語の直後に but と逆接の接続詞が続くことから，①，②ではないと判断できる。

60　正解は④

① 日本語の説明とイラストを先に見て，必要になりそうな情報を予測しておく。
✔「ケガをした患者と医者」の会話で，ケガの部位を特定することが求められているとイラストから判断する。
②「何について」「どのような状況で」話しているかを考える。
✔ 男性の How will I take notes in class?「どうやってメモを取ったらいいのか？」という発言から「メモを取るために使う体の部位」をケガしたと推測する。

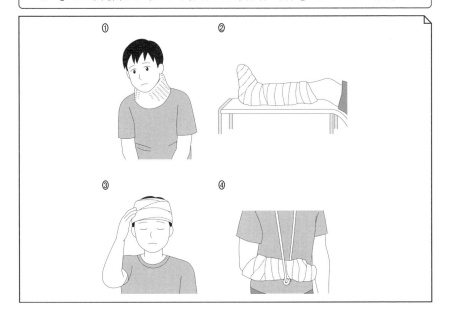

放送内容 《ケガをした患者と医者の会話》

M : How long do I have to wear this?

W : At least six weeks.

M : How will I take notes in class, then?

W : You'll have to talk to your teacher about that.

Question : Which picture shows the patient's condition?

訳　男性：どのくらいの間，これをつけなければならないのですか？

女性：少なくとも6週間ね。

男性：では，授業中，どうやってメモを取ったらいいんでしょうか？

女性：それについては学校の先生に聞いてみないといけないでしょうね。

質問：患者の症状を示している絵はどれか。

会話中でははっきりとは述べられていないが，男性の発言の2番目 How will I take notes in class, then?「では，授業中，どうやってメモを取ったらいいんでしょうか？」より，メモを取るのが困難な状況に陥っているとわかるため，手をケガしていると考えられる。④が正解。

第3章

第4章

複数の資料の
関連性を理解する

 音声について

本章に収載している問題の音声は，下記の音声専用サイトで配信しております。

http://akahon.net/kplus/k-listening/

アプローチ

　共通テストでは「複数の資料の関連性を理解する」ことを求める設問も出題されています。この場合,「複数の資料」には以下のようなものがあります。

① 関連したテーマの複数の英文
→ 1つのテーマについて様々な見解を述べた複数の英文が出題されている。
② 英文+ワークシート・グラフ・図表
→ 一種の技能統合型問題（聞く＋読む）とも言える。

　すべての問題に共通して言えることではありますが,特にこのタイプの問題では,英文が読み上げられる前に,設問やワークシートなどを見て情報を整理しておく必要があります。

 例題

　最初に講義を聞き,問1から問6に答えなさい。次に続きを聞き,問7に答えなさい。<u>状況,ワークシート,問い及び図表を読む時間が与えられた後,音声が1回流れます</u>。

状況
　あなたは大学で,アジアゾウに関する講義を,ワークシートにメモを取りながら聞いています。

ワークシート

Asian Elephants

◇ **General Information**

- ◆ Size: Largest land animal in Asia
- ◆ Habitats: South and Southeast Asia
- ◆ Characteristics: 〔 1 〕

◇ **Threats to Elephants**

Threat 1: Illegal Commercial Activities

- ◆ using elephant body parts for
  accessories, 2 , medicine
- ◆ capturing live elephants for 3

Threat 2: Habitat Loss Due to Land Development

- ◆ a decrease in elephant 4 interaction
- ◆ an increase in human and elephant 5

問1 ワークシートの空欄 1 に入れるのに最も適切なものを，四つの選択肢
（①～④）のうちから一つ選びなさい。

① Aggressive and strong
② Cooperative and smart
③ Friendly and calm
④ Independent and intelligent

問2～5 ワークシートの空欄 2 ～ 5 に入れるのに最も適切なものを，
六つの選択肢（①～⑥）のうちから一つずつ選びなさい。選択肢は2回以上使
ってもかまいません。

① clothing ② cosmetics ③ deaths
④ friendship ⑤ group ⑥ performances

問6　講義の内容と一致するものはどれか。最も適切なものを，四つの選択肢（①
　　　～④）のうちから一つ選びなさい。

① Efforts to stop illegal activities are effective in allowing humans to
　 expand their housing projects.
② Encounters between different elephant groups are responsible for
　 the decrease in agricultural development.
③ Helping humans and Asian elephants live together is a key to
　 preserving elephants' lives and habitats.
④ Listing the Asian elephant as an endangered species is a way to
　 solve environmental problems.

問7　グループの発表を聞き，次の図から読み取れる情報と講義全体の内容からど
　　　のようなことが言えるか，最も適切なものを，四つの選択肢（①～④）のうち
　　　から一つ選びなさい。

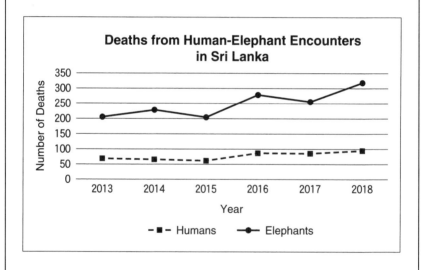

① Efforts to protect endangered animals have increased the number of
　 elephants in Sri Lanka.
② Monitoring illegal activities in Sri Lanka has been effective in
　 eliminating elephant deaths.
③ Sri Lanka has not seen an increase in the number of elephants that
　 have died due to human-elephant encounters.

④ Steps taken to protect elephants have not produced the desired results in Sri Lanka yet.

〔2023 年度本試験　第 5 問〕

① ワークシートを読んで講義の概略を把握し，まずは空所にどんな情報を埋めなければならないかをチェックする。その後，問 6 の選択肢にできるだけ（名詞だけでも）目を通す。

✔ できれば，前の問題（第 4 問 B）をできるだけ速く終えて，第 5 問のアナウンスが流れる前にこの作業を始めるのが望ましい。

✔ 問 1：「アジアゾウの特徴」を聞き取る。

✔ 問 2・3：「ゾウの体が何に使われているか」「何のために生け捕りにされているか」　問 2 には①・②あたりが入りそうだと推測できる。

✔ 問 4・5：生息地の喪失による影響を聞き取る。「ゾウのどんな交流が減少」「人間とゾウの何が増加」

② 音声を聞きながらワークシートを埋める。聞き取ったキーワードを簡単にメモして，後で選択肢と照合する。

✔ ワークシートは，放送内容の 3 分の 2 程度の要約で，問 6 は残りの 3 分の 1 の情報から問われることになる。よって，残りの 3 分の 1 についてもメモを取っておく。なお，ワークシートのメモは，読み上げられた表現の頭文字や＋－など，後で選択肢と照らし合わせられるよう，自分が判別できるようなかたちでよい。

✔ 放送後は，記憶が新しいうちに問 6 を解き，その後ワークシートの空欄をメモを見ながら埋める。

✔ ワークシートや選択肢は巧妙に言い換えられているため，放送内容を抽象化したり，推測したり，消去法で解答したりする。

③ 問 6 まで解き終えたら，速やかに問 7 のグラフや選択肢に目を通しておく。

✔ 問 7：グラフからは「スリランカでは，人間とゾウの遭遇がもたらすゾウの死亡数が増加傾向」とわかる。

放送内容 《アジアゾウを取り巻く問題》

　　Today, our topic is the Asian elephant, the largest land animal in Asia. They are found across South and Southeast Asia. (1)Asian elephants are sociable animals that usually live in groups and are known for helping each other. They are also intelligent and have the ability to use tools.

　　The Asian elephant's population has dropped greatly over the last 75 years, even though this animal is listed as endangered. Why has this happened? One reason for this decline is illegal human activities. Wild elephants have long been killed for ivory. But now, there is a developing market for other body parts, including skin and tail hair. (2)These body parts are used for accessories, skin care products, and even medicine. Also, (3)the number of wild elephants caught illegally is increasing because performing elephants are popular as tourist attractions.

Housing developments and farming create other problems for elephants. Asian elephants need large areas to live in, but these human activities have reduced their natural habitats and created barriers between elephant groups. As a result, (4)there is less contact between elephant groups and their numbers are declining. Also, (5)many elephants are forced to live close to humans, resulting in deadly incidents for both humans and elephants.

What actions have been taken to improve the Asian elephant's future? People are forming patrol units and other groups that watch for illegal activities. (6)People are also making new routes to connect elephant habitats, and are constructing fences around local living areas to protect both people and elephants.

Next, let's look at the current situation for elephants in different Asian countries. Each group will give its report to the class.

訳　　今日の話題は，アジアで最大の陸生動物であるアジアゾウです。彼らは南アジア，東南アジア中で見られます。(1)アジアゾウは，普段は集団で暮らす社交的な動物で，互いに助け合うことで知られています。また彼らは知能が高く，道具を使う能力があります。

　　アジアゾウの個体数は過去75年の間に大きく減少しました。この動物が絶滅危惧種に登録されているにもかかわらず，です。なぜこのようなことが起きたのでしょうか。この減少の理由の一つは，人間の違法な活動です。象牙のために，野生のゾウは以前から殺されてきました。しかし今，皮膚やしっぽの毛をはじめとする，他の体の一部を求める市場が拡大しつつあります。(2)こうした体の一部は，アクセサリー，スキンケア商品，そして薬品にさえ使われているのです。また，(3)違法に捕獲される野生のゾウの数が増加しているのは，芸をするゾウが，観光客向けのアトラクションとして人気だからです。

　　宅地造成と農業がゾウにとって別の問題を生み出します。アジアゾウは生きていくのに広大な土地が必要ですが，こうした人間の活動は，彼らの自然の生息地

を減らし，ゾウの集団間に障壁を築きました。その結果，⑷<u>ゾウの集団間の接触が減り，数が減少しているのです。</u>また，⑸<u>多くのゾウが人間の近くで暮らさざるを得なくなっており，それが人間にとってもゾウにとっても致命的な事故につながっています。</u>

　アジアゾウの未来をよりよいものにするためにどのような対策がとられているでしょうか。人々は，違法な活動を監視するパトロールチームやその他のグループを作っています。⑹<u>また，人々は，ゾウの生息地をつなぐ新しい経路を作ったり，人間とゾウの両者を守るために地元の居住地の周辺にフェンスを築いたりしています。</u>

　次に，アジアのさまざまな国におけるゾウの現状を見ましょう。各グループがクラスのみなさんに報告をします。

◇ be known for ～「～で知られている」　◇ housing development「宅地造成」
◇ be forced to *do*「～することを強いられる，余儀なくされる」
◇ result in ～「～という結果になる」　◇ take actions「対策をとる，講じる」
◇ watch for ～「～を監視する，見張る」

問1　｜　1　｜　正解は②

①	攻撃的で強い
②	協力的で賢い
③	友好的でおとなしい
④	独立心が強く知能が高い

▶下線部⑴より②が正解。放送文の sociable と helping each other が②では cooperative に，intelligent が smart にそれぞれ言い換えられていることに注意しましょう。

問2～5

| ① | 衣類 | ② | 化粧品 | ③ | 死亡 |
| ④ | 友情 | ⑤ | 集団 | ⑥ | 芸 |

｜　2　｜　正解は②　　｜　3　｜　正解は⑥　　｜　4　｜　正解は⑤
｜　5　｜　正解は③

▶下線部⑵～⑸より，正解は上記の通りです。｜　2　｜は，skin care products が cosmetics と言い換えられていることに注意しましょう。

問6　正解は③

① 違法な活動を止める努力は，人間が自らの住宅地を広げることができるようにするのに効果的である。

② 異なるゾウの集団間の出会いが，農業開発の縮小の原因である。

③ 人間とアジアゾウが共生する手助けをすることが，ゾウの命と生息地を守るカギである。

④ アジアゾウを絶滅危惧種に登録することが環境問題を解決する方法である。

▶第4段（What actions have …）は，ゾウを守るための対策について説明されています。下線部(6)より，③が正解。

ワークシート

アジアゾウ

◇　一般情報

　　◆　大きさ：　　アジア最大の陸生動物

　　◆　生息地：　　南アジアおよび東南アジア

　　◆　特徴：　　　②協力的で賢い

◇　ゾウを脅かすもの

　脅威1：違法な商業活動

　　◆　ゾウの体の一部を，アクセサリー，②化粧品，
　　　　薬に使うこと

　　◆　⑥芸のためにゾウを生け捕りにすること

　脅威2：土地開発による生息地の喪失

　　◆　ゾウの⑤集団の交流の減少

　　◆　人間とゾウの③死亡の増加

問7　正解は④

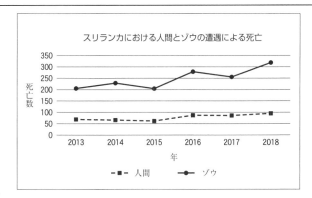

① 絶滅危惧動物を保護する努力は、スリランカのゾウの数を増やした。

② スリランカでは、違法活動を監視することが、ゾウの死亡を根絶するのに効果をあげてきた。

③ スリランカでは、人間とゾウが遭遇することによって死亡するゾウの数の増加は見られていない。

④ ゾウを保護するためにとられている対策は、スリランカではまだ望ましい結果を生んでいない。

放送内容　《人間とゾウの死亡に関するスリランカの現状》

　Our group studied deadly encounters between humans and elephants in Sri Lanka. In other countries, like India, many more people than elephants die in these encounters. By contrast, (7)similar efforts in Sri Lanka show a different trend. Let's take a look at the graph and the data we found.

訳　　私たちのグループは、スリランカにおける、人間とゾウの致命的な遭遇について調べました。インドのような他の国々では、ゾウよりもずっと多くの人がこうした遭遇で命を落としています。対照的に、(7)**スリランカでの同様の努力は、異なる傾向を示しています**。私たちが見つけたグラフとデータを見てみましょう。

▶グラフが「スリランカにおける人間とゾウの遭遇による死亡」であることと下線部(6)の内容（人とゾウを守るために、地元居住地周辺にフェンスを作る）から、下線部(7)の similar efforts in Sri Lanka「スリランカにおける同様の努力」とは、フェンスを作るなどの対策であり、ゾウと人が遭遇することから生じる死亡事故を減らすための努力と考えられます。しかしグラフを見ると、スリランカでのゾウの死亡数は全体として増加傾向にあることがわかります。これより、「まだ良い結果が生まれていない」という推測が必要です。④が適切。

第4章の学習チェックポイント

以下のことに注意しながら，第4章の演習問題を解いてみましょう。
- ☐ 複数の資料の内容と関係は把握できるか？
- ☐ 設問を先にチェックして，どのようにすれば効率的に解けるかを考えているか？
- ☐ 各選択肢について根拠を持って解答しているか？

MEMO

演習問題

61 話を聞き，示された条件に最も合うものを，四つの選択肢（①〜④）のうちから一つ選びなさい。後の表を参考にしてメモを取ってもかまいません。<u>状況と条件を読む時間が与えられた後，音声が1回流れます</u>。

状況

　あなたは，来月の読書会で読む本を一冊決めるために，四人のメンバーが推薦する本の説明を聞いています。

あなたが考えている条件

　A．長さが250ページを超えないこと

　B．過去1年以内に出版されていること

　C．ノンフィクションで，実在の人物を扱っていること

Book titles	Condition A	Condition B	Condition C
① *Exploring Space and Beyond*			
② *Farming as a Family*			
③ *My Life as a Pop Star*			
④ *Winning at the Olympics*			

問　　　　　is the book you are most likely to choose.

① *Exploring Space and Beyond*

② *Farming as a Family*

③ *My Life as a Pop Star*

④ *Winning at the Olympics*

〔2022年度本試験　第4問B〕

62　話を聞き，示された条件に最も合うものを，四つの選択肢（①〜④）のうちから一つ選びなさい。下の表を参考にしてメモを取ってもかまいません。状況と条件を読む時間が与えられた後，音声が1回流れます。

状況

　あなたは，旅行先のニューヨークで見るミュージカルを一つ決めるために，四人の友人のアドバイスを聞いています。

あなたが考えている条件

　A．楽しく笑えるコメディーであること

　B．人気があること

　C．平日に公演があること

	Musical titles	Condition A	Condition B	Condition C
①	It's Really Funny You Should Say That!			
②	My Darling, Don't Make Me Laugh			
③	Sam and Keith's Laugh Out Loud Adventure			
④	You Put the 'Fun' in Funny			

問　" ___ " is the musical you are most likely to choose.

① It's Really Funny You Should Say That!

② My Darling, Don't Make Me Laugh

③ Sam and Keith's Laugh Out Loud Adventure

④ You Put the 'Fun' in Funny

〔2021 年度本試験（第1日程）　第4問B〕

63 四人の英語を聞き，問いの答えとして最も適切なものを，四つの選択肢（①〜④）のうちから一つ選びなさい。下の表を使ってメモを取ってもかまいません。<u>状況と条件を読む時間が与えられた後，音声が1回流れます。</u>

状況

　日本の観光案内所で外国人観光客を案内する高校生ボランティアスタッフを1名募集しました。その結果，複数の応募があったため，以下のような条件に沿って選ぶことにしました。

条件
• 観光案内や通訳をしたことのある人。
• 外国人観光客に対応できる英語力（中級から上級）のある人。
• 週末の午後1時から5時まで参加できる人。

メモ

Candidates	Experience	English level	Schedule
Akiko KONDO			
Hiroshi MIURA			
Keiko SATO			
Masato TANAKA			

問　四人の応募者の録音された自己紹介を聞き，最も条件に合う人物を選びなさい。

① Akiko KONDO
② Hiroshi MIURA
③ Keiko SATO
④ Masato TANAKA

〔第1回プレテストB　第4問B〕

第4章

64 最初に講義を聞き，問1から問5に答えなさい。次に問6と問7の音声を聞き，問いに答えなさい。状況，ワークシート，問い及び図表を読む時間が与えられた後，音声が1回流れます。

> **状況**
> あなたはアメリカの大学で，幸福観についての講義を，ワークシートにメモを取りながら聞いています。

ワークシート

○ **World Happiness Report**
- Purpose：To promote 〔　　1　　〕 happiness and well-being
- Scandinavian countries: Consistently happiest in the world（since 2012）
  Why? ⇒ "**Hygge**" lifestyle in Denmark
  　　　　　⬇ spread around the world in 2016
○ **Interpretations of Hygge**

	Popular Image of Hygge	Real Hygge in Denmark
What	2	3
Where	4	5
How	special	ordinary

問1　ワークシートの空欄　1　に入れるのに最も適切なものを，四つの選択肢（①〜④）のうちから一つ選びなさい。

① a sustainable development goal beyond
② a sustainable economy supporting
③ a sustainable natural environment for
④ a sustainable society challenging

問2〜5　ワークシートの空欄 2 〜 5 に入れるのに最も適切なものを，六つの選択肢（①〜⑥）のうちから一つずつ選びなさい。選択肢は2回以上使ってもかまいません。

①　goods　　　　　②　relationships　　　③　tasks
④　everywhere　　⑤　indoors　　　　　⑥　outdoors

問6　講義後に，あなたは要約を書くために，グループのメンバーA，Bと，講義内容を口頭で確認しています。それぞれの発言が講義の内容と一致するかどうかについて，最も適切なものを四つの選択肢（①〜④）のうちから一つ選びなさい。

①　Aの発言のみ一致する
②　Bの発言のみ一致する
③　どちらの発言も一致する
④　どちらの発言も一致しない

第4章

問7 講義の後で，Joe と May が下の図表を見ながらディスカッションをしています。ディスカッションの内容及び講義の内容からどのようなことが言えるか，最も適切なものを，四つの選択肢（①〜④）のうちから一つ選びなさい。

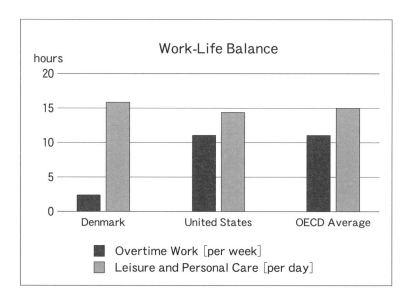

① People in Denmark do less overtime work while maintaining their productivity.

② People in Denmark enjoy working more, even though their income is guaranteed.

③ People in OECD countries are more productive because they work more overtime.

④ People in the US have an expensive lifestyle but the most time for leisure.

〔試作問題　第C問〕

※問1〜5は，2021年度本試験（第1日程）第5問 問27〜31と同一問題。

65 は次ページをご覧ください。

第4章

65 最初に講義を聞き，問1から問6に答えなさい。次に続きを聞き，問7に答えなさい。**状況・ワークシート，問い及び図表を読む時間が与えられた後，音声が1回流れます。**

状況
あなたはアメリカの大学で，生態系（ecosystem）保全についての講義を，ワークシートにメモを取りながら聞いています。

ワークシート

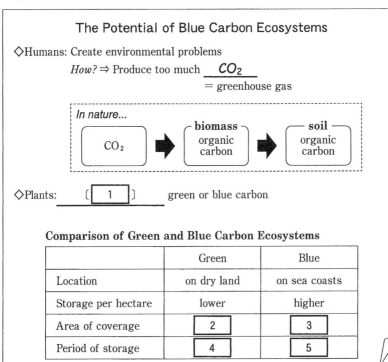

The Potential of Blue Carbon Ecosystems

◇Humans: Create environmental problems

How? ⇒ Produce too much　**CO_2**

= greenhouse gas

In nature...

CO_2 ➡ **biomass** organic carbon ➡ **soil** organic carbon

◇Plants:　〔 1 〕　green or blue carbon

Comparison of Green and Blue Carbon Ecosystems

	Green	Blue
Location	on dry land	on sea coasts
Storage per hectare	lower	higher
Area of coverage	2	3
Period of storage	4	5

問1 ワークシートの空欄 1 に入れるのに最も適切なものを,四つの選択肢（①
～④）のうちから一つ選びなさい。

① Break down organic carbon called
② Change carbon to CO_2 called
③ Produce oxygen and release it as
④ Take in CO_2 and store it as

問2～5 ワークシートの空欄 2 ～ 5 に入れるのに最も適切なものを,六
つの選択肢（①～⑥）のうちから一つずつ選びなさい。選択肢は2回以上使っ
てもかまいません。

① larger ② smaller ③ equal
④ longer ⑤ shorter ⑥ unknown

問6 講義の内容と一致するものはどれか。最も適切なものを,四つの選択肢（①
～④）のうちから一つ選びなさい。

① Necessary blue carbon ecosystems have been destroyed and cannot be
replaced.
② Ocean coastline ecosystems should be protected to prevent further
release of CO_2.
③ Recovering the ecosystem of the entire ocean will solve climate
problems.
④ Supporting fish life is important for improving the blue carbon cycle.

第4章

問7 講義の続きを聞き，**下の図から読み取れる情報と講義全体の内容から**どのようなことが言えるか，最も適切なものを，四つの選択肢（①〜④）のうちから一つ選びなさい。

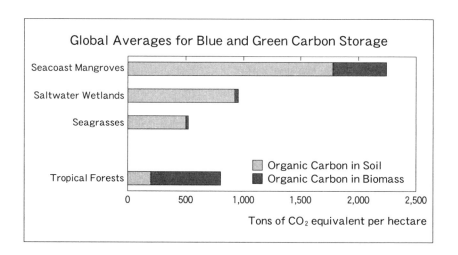

① Saltwater wetlands release CO_2 more easily from soil than from biomass.

② Seacoast mangroves release less CO_2 from layers of mud than from biomass.

③ Seagrasses offer more efficient long-term carbon storage in soil than in biomass.

④ Tropical forests are ideal for carbon storage due to their biomass.

〔2021 年度本試験（第 2 日程） 第 5 問〕

第4章

66 は次ページをご覧ください。

66 最初に講義を聞き，問1から問6に答えなさい。次に続きを聞き，問7に答え なさい。状況・ワークシート，問い及び図表を読む時間が与えられた後，音声 が1回流れます。

状況

あなたは大学で，働き方についての講義を，ワークシートにメモを取りながら 聞いています。

ワークシート

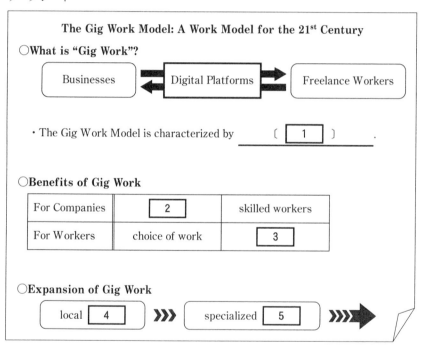

The Gig Work Model: A Work Model for the 21st Century

○**What is "Gig Work"?**

Businesses ← → Digital Platforms → Freelance Workers

・The Gig Work Model is characterized by 〔　1　〕 .

○**Benefits of Gig Work**

For Companies	2	skilled workers
For Workers	choice of work	3

○**Expansion of Gig Work**

local 4 ⟫⟫ specialized 5 ⟫⟫

問1　ワークシートの空欄［　1　］に入れるのに最も適切なものを,四つの選択肢（①
　　〜④）のうちから一つ選びなさい。

① individual tasks that must be completed for a regular salary
② job opportunities that are open for digital platform developers
③ temporary work that is done by independent workers
④ work styles that are not determined by the period of contract

問2〜5　ワークシートの空欄［　2　］〜［　5　］に入れるのに最も適切なものを, 六
　　つの選択肢（①〜⑥）のうちから一つずつ選びなさい。選択肢は2回以上使っ
　　てもかまいません。

① advertising　　　② flexible hours　　　③ lower expenses
④ project work　　⑤ service jobs　　　　⑥ stable income

問6　講義の内容と一致するものはどれか。最も適切なものを, 四つの選択肢（①
　　〜④）のうちから一つ選びなさい。

① Companies can develop more skilled workers through permanent
　 employment.
② Gig workers sacrifice their work-life balance to guarantee additional
　 income.
③ Lack of contracts is the main obstacle in connecting companies and
　 workers.
④ The gig work model is driving new discussion on how society views
　 jobs.

第4章

問7　講義の続きを聞き，<u>次の図から読み取れる情報と講義全体の内容から</u>どのようなことが言えるか，最も適切なものを，四つの選択肢（①〜④）のうちから一つ選びなさい。

① A majority of gig workers in South Asian countries are highly specialized.

② Canada and the United States are competing for online platform services.

③ Global demand for gig work is greater than the number of employees available.

④ The ease of hiring workers across international borders is a benefit of gig work.

〔2022年度本試験　第5問〕

第
4
章

67 は次ページをご覧ください。

67 英文を聞き，二つの問いに答えなさい。**音声は1回流れます。**

Part 1

状況
　学生たちが授業で，炭水化物（carbohydrates）を積極的に摂取することに対して賛成か反対かを述べています。

問1　四人の意見を聞き，賛成意見を述べている人を四つの選択肢（①〜④）のうちから**すべて選びなさい**。正解となる選択肢は一つとは限りません。

① 学生1
② 学生2
③ 学生3
④ 学生4

Part 2

問2　さらに別の学生の意見を聞き，その意見の内容と合う図を四つの選択肢（①
　　〜④）のうちから一つ選びなさい。

図1

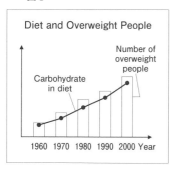

図2

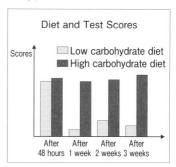

図3

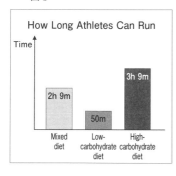

図4

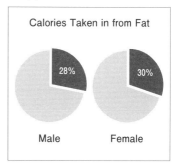

① 図1

② 図2

③ 図3

④ 図4

〔第1回プレテストB　第6問B〕

第
4
章

68 会話を聞き，それぞれの問い（問1・問2）の答えとして最も適切なものを，選択肢のうちから一つずつ選びなさい。下の表を参考にしてメモを取ってもかまいません。状況と問いを読む時間が与えられた後，音声が1回流れます。

> 状況
> 　四人の学生（Yasuko, Kate, Luke, Michael）が，店でもらうレシートについて意見交換をしています。

Yasuko	
Kate	
Luke	
Michael	

問1　会話が終わった時点で，レシートの電子化に賛成した人は四人のうち何人でしたか。四つの選択肢（①〜④）のうちから一つ選びなさい。

① 1人
② 2人
③ 3人
④ 4人

問2　会話を踏まえて，Luke の意見を最もよく表している図表を，四つの選択肢
（①～④）のうちから一つ選びなさい。

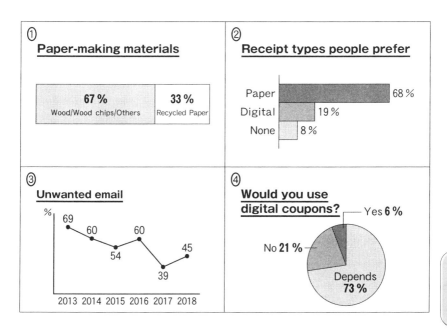

〔2021 年度本試験（第 1 日程）　第 6 問 B〕

69 会話を聞き，それぞれの問い（問1・問2）の答えとして最も適切なものを，選択肢のうちから一つずつ選びなさい。下の表を参考にしてメモを取ってもかまいません。状況と問いを読む時間が与えられた後，音声が1回流れます。

> 状況
>
> 四人の学生（Brad, Kenji, Alice, Helen）が，選挙の投票に行くことについて意見交換をしています。

Brad	
Kenji	
Alice	
Helen	

問1　会話が終わった時点で，選挙の投票に行くことに積極的でなかった人は四人のうち何人でしたか。四つの選択肢（①～④）のうちから一つ選びなさい。

① 1人
② 2人
③ 3人
④ 4人

問2　会話を踏まえて，Helen の意見を最もよく表している図表を，四つの選択肢（①〜④）のうちから一つ選びなさい。

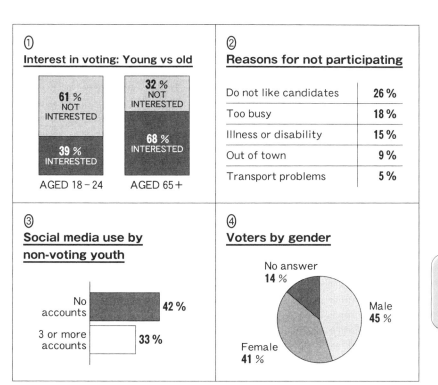

〔2021 年度本試験（第2日程）　第6問B〕

70 会話を聞き，それぞれの問い（問1・問2）の答えとして最も適切なものを，選択肢のうちから一つずつ選びなさい。後の表を参考にしてメモを取ってもかまいません。状況と問いを読む時間が与えられた後，音声が1回流れます。

状況
　旅先で，四人の学生（Anne, Brian, Donna, Hiro）が，通りかかった店の前で話しています。

Anne	
Brian	
Donna	
Hiro	

問1　四人のうちエコツーリズムに賛成しているのは何人ですか。四つの選択肢（①〜④）のうちから一つ選びなさい。

① 1人
② 2人
③ 3人
④ 4人

問2　会話を踏まえて, Brian の考えの根拠となる図表を, 四つの選択肢 (①〜④)
のうちから一つ選びなさい。

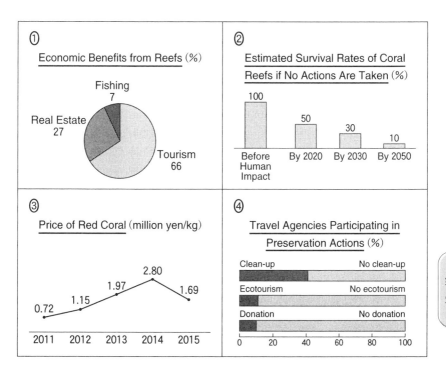

〔2022 年度本試験　第 6 問 B〕

解答解説

61 正解は②

① 「状況」・「条件」・問いに目を通し，表の Condition A〜C の上に各条件のキーワードをメモしておく。

✔ A：〜p.250　　B：1年以内　　C：実在

② 読み上げられた情報に基づき，表の該当箇所に〇×？の記号を入れる。条件は順番通りに読み上げられるとは限らないので注意。

POINT

問 [　　　] が，あなたが選ぶ可能性の最も高い本である。

本のタイトル	条件A	条件B	条件C
① 宇宙とその向こうの探索			
② 家族で農業			
③ ポップ・スターとしての私の人生			
④ オリンピックでの勝利			

放送内容 《書籍の説明》

1. There are so many books to choose from, but one I think would be good is a science fiction novel, *Exploring Space and Beyond*, that was published last month. It can be read in one sitting because it's just 150 pages long.

2. I read a review online about a book that was published earlier this year, titled *Farming as a Family*. It's a true story about a man who decided to move with his family to the countryside to farm. It's an easy read... around 200 pages.

3. I know a really good autobiography called *My Life as a Pop Star*. It's 300 pages in length. I think it would be an interesting discussion topic for our group. I learned a lot when I read it several years ago.

4. I heard about a new book, *Winning at the Olympics*. It features Olympic athletes who won medals. It has so many interesting photographs and some really amazing true-life stories. It's 275 pages long.

訳 1. 選択の対象になる書籍はたくさんありますが，私が良いと思うものは，先月出版されたSF小説の『宇宙とその向こうの探索』です。長さはほんの150ページなので，一気に読めます。
2. 今年の早い時期に出版された『家族で農業』という書名の本について，オンラインで書評を読みました。農業をするために家族とともに田舎へ引っ越すことにした男性に関する実話です。読みやすい本で…200ページくらいです。
3. 私は『ポップ・スターとしての私の人生』というとても良い自伝を知っています。長さは300ページです。私たちの読書会にとって興味深い討論のトピックになると思います。数年前に読んだとき，私は多くのことを学びました。
4. 私は『オリンピックでの勝利』という新刊本のことを聞きました。その本はメダルを獲得したオリンピック選手たちのことを取り上げています。興味深い多くの写真と，本当に驚くべき実話がいくつか載っています。長さは275ページです。

◇ in one sitting「一気に」 直訳は「1回座っている間に」
◇ review「書評」 ◇ an easy read「簡単な読み物」 ◇ autobiography「自伝」
◇ feature「〜を呼び物にする，取り上げる」 ◇ true-life「事実に基づく」

①は「150ページ」なので，条件Aは○。「先月出版された」ので，条件Bも○。「SF小説」なので，条件Cは×。
②は「200ページくらい」なので，条件Aは○。「今年の早い時期に出版された」ので，条件Bも○。「実話」なので，条件Cも○。
③は「300ページ」なので，条件Aは×。「数年前に読んだ」とあるので，条件Bも×。「自伝」なので，条件Cは○。
④は「275ページ」なので，条件Aは×。「新刊本」なので，条件Bは○。「実話」なので，条件Cも○。
以上を表にまとめると以下のようになる。条件のすべてが合っている②が正解。

	~p.250	1年以内	実在
本のタイトル	条件A	条件B	条件C
① 宇宙とその向こうの探索	○	○	×
② 家族で農業	○	○	○
③ ポップ・スターとしての私の人生	×	×	○
④ オリンピックでの勝利	×	○	○

62　正解は②

① 「状況」・「条件」・問いに目を通し，表の Condition A〜C の上に各条件のキーワードをメモしておく。

✔ A：コメディー　　B：人気　　C：平日

② 読み上げられた情報に基づき，表の該当箇所に〇×？の記号を入れる。条件は順番通りに読み上げられるとは限らないので注意。

✔ 2 では，Actually, that's why they started performing it on weekends, too. 「実は，そういうわけで週末にも公演するようになったんだよ」という情報から，平日に上演されていることが前提となることを推測することが求められている点に注意しよう。

POINT

問　|　　　|が，あなたが最も選ぶ可能性の高いミュージカルである。

ミュージカルのタイトル	条件A	条件B	条件C
① そんなこと言うなんてヘンっ！			
② ダーリン，私を笑わせないで			
③ サムとキースの爆笑アドベンチャー			
④ 愉しさに「楽しさ」を			

放送内容　《ミュージカルの評価》

1. I love *It's Really Funny You Should Say That!* I don't know why it's not higher in the rankings. I've seen a lot of musicals, but none of them beats this one. It's pretty serious, but it does have one really funny part. It's performed only on weekdays.

2. You'll enjoy *My Darling, Don't Make Me Laugh*. I laughed the whole time. It's only been running for a month but already has very high ticket sales. Actually, that's why they started performing it on weekends, too.

3. If you like comedies, I recommend *Sam and Keith's Laugh Out Loud Adventure*. My friend said it was very good. I've seen some good reviews about it, too, but plan carefully because it's only on at the weekend.

4. Since you're visiting New York, don't miss *You Put the 'Fun' in Funny*. It's a romance with a few comedy scenes. For some reason, it hasn't had very good ticket sales. It's staged every day of the week.

訳 1. 僕は『そんなこと言うなんてヘンっ！』が大好きだよ。なぜ<u>ランキングがもっと高くない</u>のかわからないな。ミュージカルはたくさん見てきたけれど，これにかなうのはないよ。<u>かなり堅い</u>けれど，本当に面白いところが一つあるから。やっているのは<u>平日</u>だけだよ。

2. 『ダーリン，私を笑わせないで』は楽しいと思うよ。<u>僕はずっと笑ってた</u>。公演が始まって１カ月しかたっていないのに，もう<u>チケットはすごく売れた</u>んだ。実は，そういうわけで<u>週末にも公演するようになった</u>んだよ。

3. <u>コメディーが好きなら</u>，『サムとキースの爆笑アドベンチャー』がおすすめよ。私の友達はとてもよかったって言ってたわ。私も<u>いくつかいい論評を見たわよ</u>。でも計画は注意して立ててね。<u>週末しかやっていない</u>から。

4. ニューヨークに行くんだから，『愉しさに「楽しさ」を』は見逃さないでね。いくつか笑える場面のある<u>恋愛劇</u>よ。何かの理由で，<u>チケットの売り上げは今のところそれほどよくない</u>の。<u>毎日公演がある</u>わ。

◇ beat「～に勝る」　◇ pretty「かなり」　◇ run「（劇などが）上演される」
◇ be on「上演されている」

①は「堅い」内容なので，条件Ａは×。「ランキングが高くない」ので条件Ｂも×。「平日のみ公演」なので，条件Ｃは○。

②は「ずっと笑っていた」とあるので条件Ａは○。「チケットはすごく売れた」ので条件Ｂも○。「週末も公演するようになった」とあるので，平日は当然公演がある。条件Ｃも○。

③は「もしコメディーが好きなら」として挙げられているので，条件Ａは○。「いくつかいい論評を見た」とあるので，条件Ｂも○。「週末しかやっていない」とあるので，条件Ｃは×。

④は「恋愛劇」とあるので，条件Ａは×。「チケットの売り上げはそれほどよくない」とあるので，条件Ｂも×。「毎日公演がある」とあるので，条件Ｃは○。

以上を表にまとめると以下のようになる。条件のすべてが合っている②が正解。

	コメディー	人気	平日
ミュージカルのタイトル	条件Ａ	条件Ｂ	条件Ｃ
①　そんなこと言うなんてヘンっ！	×	×	○
②　ダーリン，私を笑わせないで	○	○	○
③　サムとキースの爆笑アドベンチャー	○	○	×
④　愉しさに「楽しさ」を	×	×	○

63 正解は③

① 「状況」・「条件」・問いに目を通して，表の条件の上にキーワードをメモしておく。
✔ Experience：ガイド・通訳　　English level：中級〜　　Schedule：週末・
1-5 p.m.
② 読み上げられた情報に基づき，表の該当箇所に○×？の記号を入れる。条件は
順番通りに読み上げられるとは限らないので注意。

問　四人の応募者の録音された自己紹介を聞き，最も条件に合う人物を選びなさい。
① Akiko KONDO
② Hiroshi MIURA
③ Keiko SATO
④ Masato TANAKA

メモ

応募者	経験	英語のレベル	スケジュール
Akiko KONDO			
Hiroshi MIURA			
Keiko SATO			
Masato TANAKA			

放送内容　《ボランティアスタッフの選考》

1. Hello, this is Akiko speaking. I, um, I just started studying English hard. I want to, uh, improve my speaking skills. I like, uh, I want to practice with people from foreign countries. This job is perfect for that. I have a part-time job on Sunday evenings. Thank you!

2. Hi, I'm Hiroshi, but my friends call me "Hiro." I lived in Canada for 3 years and I'm pretty fluent in English. Currently, I work as an interpreter on weekends. I'd love to help out! Please let me know if you need any other information. Thanks. Bye!

3. Good morning. This is Keiko. I was an exchange student in Australia for a year and I'm a volunteer guide for foreign visitors at my school. I'm available most days, but Wednesday evenings I've got band practice. Thank you for your time. Bye.

4. Hi, my name's Masato. My English is good, but <u>it will be my first time doing a volunteer work using English.</u> I'm applying because I hope to gain that kind of experience. I'm free on most weekdays except for Thursdays. Please consider me for this position! Goodbye.

訳
1. こんにちは，私はアキコです。私は，えぇっと，<u>私は懸命に英語を勉強し始めたばかりです。</u>私は自分の会話力を，あの，向上させたいと思っています。私は海外の国から来た人々と練習をするのが好き，いやしたいと思っています。この仕事はそれにもってこいなのです。日曜日の夜はアルバイトがあります。ありがとうございました！

2. こんにちは，私はヒロシですが，友人たちは私を「ヒロ」と呼んでいます。私は3年間カナダに住んだことがあり，英語がかなり流暢です。<u>現在，毎週末，通訳として働いています。</u>私はぜひとも人の助けになりたいと考えています！　他に情報が必要であれば，私にお知らせください。ありがとうございます。では！

3. おはようございます。私はケイコです。<u>私は1年間，交換留学生としてオーストラリアにいた</u>ことがあり，学校では<u>海外からの訪問客を案内するボランティアをしています。私はほとんどの日程，対応が可能ですが，水曜日の夜はバンドの練習があります。</u>お時間を取っていただき，ありがとうございます。失礼します。

4. こんにちは，私の名前はマサトです。私は英語が得意ですが，<u>英語を使ったボランティアの仕事をするのは私にとっては初めてのこと</u>になります。志望動機は，そういった類の経験を積みたいと考えているからです。木曜日以外の平日はほとんど空いています。私をこの仕事に採用していただけるようご検討をお願いいたします！　失礼します。

◇ fluent「流暢な」　◇ currently「現在」　◇ interpreter「通訳」
◇ help out「(困った時に人を) 助ける」　◇ exchange student「交換留学生」
◇ available「都合がつく，忙しくない」　◇ apply「申し込む，応募する」

① Akiko KONDO の発言第2文（I, um, I just …）で「英語を勉強し始めたばかり」とあり，条件2つ目の「外国人観光客に対応できる英語力（中級から上級）のある人」に当てはまらないため，不適。
② Hiroshi MIURA については第2・3文より英語力と経験については問題がないものの，第3文（Currently, I work …）「現在，毎週末，通訳として働いています」とあり，「週末の午後1時から5時まで参加できる人」という条件3つ目に合わない。
③ Keiko SATO の発言第3文（I was an exchange …）で「私は1年間，交換留

学生としてオーストラリアにいたことがあり，学校では海外からの訪問客を案内する
ボランティアをしています」と述べており，条件1つ目「観光案内や通訳をしたこと
のある人」と条件2つ目「外国人観光客に対応できる英語力（中級から上級）のある
人」に当てはまる。また，第4文（I'm available …）「私はほとんどの日程，対応が
可能ですが，水曜日の夜はバンドの練習があります」より週末働けるとわかるので，
条件3つ目「週末の午後1時から5時まで参加できる人」に当てはまる。③が正解。
④ Masato TANAKA は第2文（My English is good, …）の後半で「英語を使っ
たボランティアの仕事をするのは私にとっては初めてのことになります」とあり，条
件1つ目の「観光案内や通訳をしたことのある人」に当てはまらないため，不適。

	ガイド・通訳	中級～	週末・1-5 p.m.
応募者	経験	英語のレベル	スケジュール
① Akiko KONDO	?	×	?
② Hiroshi MIURA	○	○	×
③ Keiko SATO	○	○	○
④ Masato TANAKA	×	○	?

64

① ワークシートを読んで講義の概略を把握し，まずは空所にどんな情報を埋めなければならないかをチェックする。その後，問6を確認し，できれば問7のグラフまで把握する。

✔ 問1：World Happiness Report の目的（「何を推進するため」か）を聞き取る。

✔ 問2〜5：Hygge の一般的イメージとリアルの違いについて説明されると予測できる。さらに，What には①〜③，Where には④〜⑥が入りそう。

② 音声を聞きながらワークシートを埋める。聞き取ったキーワードを簡単にメモして，後で選択肢と照合する。

✔ ワークシートは，放送内容の3分の2程度の要約で，問6は残りの3分の1の情報から問われることになる。よって，残りの3分の1についてもメモを取っておく。

✔ ワークシートや選択肢は巧妙に言い換えられているため，放送内容を抽象化したり，推測したり，消去法で解答したりする。たとえば，問4では，candlelit rooms and cozy bedrooms という情報を，indoors「屋内で」とまとめることができるかどうかが問われている。

③ 解答時間が余れば，問7のグラフや選択肢に目を通しておく。

✔ 問7：デンマーク・US・OECD 諸国の人々のワークライフバランスについて。グラフの特徴（デンマークは他に比べて残業が少なく，余暇が多い）を読み取る。

第4章

ワークシート

○　世界幸福度報告

・目的：幸福と健康　〔　1　〕　を推進すること

・スカンジナビア諸国：一貫して世界で最も幸福（2012 年以降）

　なぜ？　⇒　デンマークの「ヒュッゲ」という生活様式

　　　　　　↓　2016 年世界中に広まる

○　ヒュッゲの解釈

	ヒュッゲの一般的イメージ	デンマークの本当のヒュッゲ
何を	2	3
どこで	4	5
どのような	特別な	日常的な

放送内容 《デンマークの幸せな暮らし方》

　What is happiness? Can we be happy and promote sustainable development? Since 2012, the *World Happiness Report* has been issued by a United Nations organization to develop new approaches to economic sustainability for the sake of happiness and well-being. The reports show that Scandinavian countries are consistently ranked as the happiest societies on earth. But what makes them so happy? In Denmark, for example, leisure time is often spent with others. That kind of environment makes Danish people happy thanks to a tradition called "hygge," spelled H-Y-G-G-E. Hygge means coziness or comfort and describes the feeling of being loved.

　This word became well-known worldwide in 2016 as an interpretation of mindfulness or wellness. Now, hygge is at risk of being commercialized. But hygge is not about the material things we see in popular images like candlelit rooms and cozy bedrooms with hand-knit blankets. Real hygge happens anywhere—in public or in private, indoors or outdoors, with or without candles. The main point of hygge is to live a life connected with loved ones while making ordinary essential tasks meaningful and joyful.

　Perhaps Danish people are better at appreciating the small, "hygge" things in life because they have no worries about basic necessities. Danish people willingly pay from 30 to 50 percent of their income in tax. These high taxes pay for a good welfare system that provides free healthcare and education. Once basic needs are met, more money doesn't guarantee more happiness. While money and material goods seem to be highly valued in some countries like the US, people in Denmark place more value on socializing. Nevertheless, Denmark has above-average productivity according to the OECD.

訳　　幸福とは何でしょうか？　幸せでありながら持続可能な発展を進めていけるのでしょうか？　2012年以降，幸福と健康のための経済的持続可能性に対する新しい取り組みを考えるために，ある国連機関から「世界幸福度報告」が発表されています。その報告は，スカンジナビア諸国が一貫して，世界で最も幸福な社会に位置づけられていることを示しています。しかし，何が彼らをそんなに幸せにしているのでしょうか？　たとえば，デンマークでは，よく人と一緒に余暇を過ごします。そのような環境がデンマークの人たちを幸せにしているのですが，これは「ヒュッゲ」と呼ばれる伝統のおかげです。つづりはH-Y-G-G-Eです。ヒ

ュッゲは居心地のよさや快適さを意味し，愛されているという気持ちを表します。

この言葉は，精神的な充実や心身の健康を説明するものとして，2016 年に世界中で知られるようになりました。現在，ヒュッゲには商業化されるという危険性があります。しかし，<u>ヒュッゲは，ロウソクで照らされた部屋や手編みのブランケットのある心地よい寝室といった，よくあるイメージに見られるような物質的なものに関することではありません。本当のヒュッゲは</u>，公的な場でも私的な場でも，屋内でも屋外でも，ロウソクがあろうとなかろうと，<u>どこでも起こります。ヒュッゲの要点は</u>，日々の欠かせない仕事を意味があり楽しいものにしながら，<u>愛する人たちとつながった暮らしを送ること</u>です。

おそらく，デンマークの人たちがちょっとした「ヒュッゲ」的なものを生活の中できちんと見出すのがより上手なのは，基本的必需品のことで何も心配がないからでしょう。<u>デンマークの人々は，収入の 30 パーセントから 50 パーセントを喜んで税金に払います。こうした高い税金には，無料の医療や教育を与えてくれる十分な福祉システムという見返りがあるのです</u>。いったん基本的な必要が満たされれば，より多くのお金がより幸福であることを保証することにはなりません。<u>お金や物質的な品物は，アメリカ合衆国のような国で高く評価されるようですが，デンマークの人々は，人と交流することのほうにもっと価値を置いています。それでも，OECD によるとデンマークは平均的な生産性を上回っているのです</u>。

◇ sustainable「持続可能な」　◇ for the sake of ～「～（の利益）のために」
◇ pay for ～「～という報い〔報酬〕を受ける」

問1　　1　　正解は②

① （幸福と健康）を上回る持続可能な発展目標
② （幸福と健康）を支える持続可能な経済
③ （幸福と健康）のための持続可能な自然環境
④ （幸福と健康）に挑む持続可能な社会

空所は「世界幸福度報告」の「目的」にあたる箇所。第 1 段第 3 文（Since 2012, …）に「幸福と健康のための経済的持続可能性に対する新しい取り組みを考えるために…『世界幸福度報告』が発表されている」とある。②が適切。なお，放送英文では，<u>for the sake of</u> happiness and well-being「幸福と健康<u>のための</u>」と説明されているが，選択肢では <u>supporting</u> happiness and well-being「幸福と健康<u>を支える</u>」と言い換えられている点に注意。

問2〜5

① 品物	② 人間関係	③ 任務
④ いたるところで	⑤ 屋内で	⑥ 屋外で

　2　　正解は① 　　3　　正解は②

空所は，ヒュッゲが何に関するものなのか，よくあるイメージとデンマークでの本当のヒュッゲの違いをまとめた箇所。第2段第3文（But hygge is not …）に「（ヒュッゲは）よくあるイメージに見られるような物質的なものに関することではない」とあるので，　2　には①が当てはまる。第2段最終文（The main point …）に「ヒュッゲの要点は…愛する人たちとつながった暮らしを送ること」，第3段第5文（While　money　and …）後半に「デンマークの人々は，人と交流することのほうにもっと価値を置いている」とあることから，　3　には②が適切。

　4　　正解は⑤ 　　5　　正解は④

空所は，ヒュッゲがどこで生まれるか，よくあるイメージとデンマークでの本当のヒュッゲの違いをまとめた箇所。第2段第3文（But hygge is not …）に「ロウソクで照らされた部屋や手編みのブランケットのある心地よい寝室といった，よくあるイメージ」とあることから，　4　には⑤が適切。第2段第4文（Real　hygge　happens …）に「本当のヒュッゲはどこでも起こる」とあるので，　5　は④が正解。

○　世界幸福度報告

・目的：幸福と健康〔②を支える持続可能な経済〕を推進すること

・スカンジナビア諸国：一貫して世界で最も幸福（2012年以降）

　なぜ？　⇒　デンマークの「ヒュッゲ」という生活様式

　　　↓　2016年世界中に広まる

○　ヒュッゲの解釈

	ヒュッゲの一般的イメージ	デンマークの本当のヒュッゲ
何を	①品物	②人間関係
どこで	⑤屋内で	④いたるところで
どのような	特別な	日常的な

問6　正解は③

放送内容 《デンマークの人々の価値観》

Student A : Danish people accept high taxes which provide basic needs.

Student B : Danish people value spending time with friends more than pursuing money.

訳　学生A：デンマークの人々は基本的必需品を提供する高い税金を受け入れている。

　　　　学生B：デンマークの人々はお金を追い求めるより，友人と一緒に時間を過ごすことに価値を置く。

学生Aの発言は第3段第2・3文（Danish people willingly pay …）の「デンマークの人々は，収入の30パーセントから50パーセントを喜んで税金に払います。こうした高い税金には，無料の医療や教育を与えてくれる十分な福祉システムという見返りがあるのです」という内容に一致する。

学生Bの発言は第3段第5文（While money and material …）「お金や物質的な品物は，アメリカ合衆国のような国で高く評価されるようですが，デンマークの人々は，人と交流することのほうにもっと価値を置いています」という内容に一致している。よって，③の「どちらの発言も一致する」が正解となる。

第4章

問7　正解は①

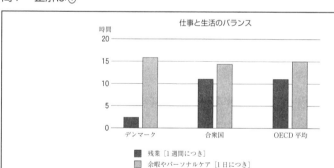

① デンマークの人々は，生産性を維持しながらも残業はより少ない。

② デンマークの人々は，収入が保証されているにもかかわらず，より多く働くことを楽しむ。

③ OECD諸国の人々は，より多く残業するので，生産性がより高い。

④ 合衆国の人々は，お金のかかる生活様式をしているが，余暇の時間は最も多い。

放送内容 《仕事と生活のバランス》

Joe : Look at this graph, May. People in Denmark value private life over work. How can they be so productive?

May : Well, based on my research, studies show that <u>working too much overtime leads to lower productivity</u>.

Joe : So, <u>working too long isn't efficient</u>. That's interesting.

訳 ジョー：このグラフを見てよ，メイ。デンマークの人々は仕事よりも個人の生活を重視しているよ。彼らはどうやってそんなに生産的になれるんだろう？

メイ：私の調べたところでは，複数の研究によって，**あまりにも残業をしすぎると生産性の低下につながる**って示されているわ。

ジョー：それじゃあ，**あまり長時間働きすぎるのは効率的ではない**んだね。それは面白いね。

◇ value *A* over *B*「*B* よりも *A* を重視する」

グラフから，デンマークの人々の残業時間が合衆国や OECD 平均よりはるかに少ないことがわかる。先の講義の最終文（Nevertheless, Denmark has …）にデンマークの生産性が平均以上であることが述べられており，ジョーとメイのディスカッションでは，メイが「あまりにも残業をしすぎると生産性の低下につながる」と指摘し，さらに最後のジョーの発言では「あまり長時間働きすぎるのは効率的ではないんだね」と述べている。これらのことから，デンマークの人々は「残業時間は少ないものの生産性を維持している」と考えられる。よって，①が正解。

※編集部注：問1〜5の音声は，2021年度本試験（第1日程）の第5問の音声を使用しています。問6・問7の音声は大学入試センターより公表されていないため，小社が独自に作成しています。

65

① ワークシートを読んで講義の概略を把握し，まずは空所にどんな情報を埋めなければならないかをチェックする。その後，問6の選択肢にできるだけ（名詞だけでも）目を通す。

✔ 問1：「グリーンカーボン・ブルーカーボン」が指すもの，また，「植物が，それらをどうするのか」を聞き取る。選択肢の動詞＋目的語にも目を通す。

✔ 問2～5：グリーンカーボンとブルーカーボンについて，「面積（広い・狭い・同じ・不明）」と「貯留期間（長い・短い・同じ・不明）」の違いに注意して聞き取る。

② 音声を聞きながらワークシートを埋める。聞き取ったキーワードを簡単にメモして，後で選択肢と照合する。

✔ ワークシートは，放送内容の3分の2程度の要約で，問6は残りの3分の1の情報から問われることになる。よって，残りの3分の1についてもメモを取っておく。

✔ ワークシートや選択肢は巧妙に言い換えられているため，放送内容を抽象化したり，推測したり，消去法で解答したりする。たとえば，表の Area of coverage という表現が放送文には含まれていないため，cover, surface, earth の部分から面積であると気付きたい。

③ 問6まで解き終えたら，速やかに問7のグラフや選択肢に目を通しておく。

✔ 問7：グラフからは Carbon Storage「炭素の貯留量」を比較しているとわかるので，CO_2 の排出量を比較している①・②は除外できそうと考える。

ワークシート

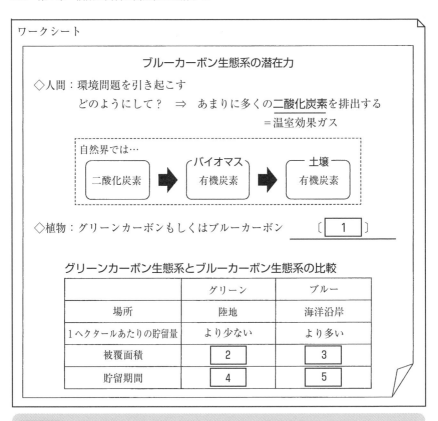

ブルーカーボン生態系の潜在力

◇人間：環境問題を引き起こす

　　　どのようにして？　⇒　あまりに多くの**二酸化炭素**を排出する
　　　　　　　　　　　　　　　　　＝温室効果ガス

自然界では…

二酸化炭素　➡　バイオマス　有機炭素　➡　土壌　有機炭素

◇植物：グリーンカーボンもしくはブルーカーボン　〔　1　〕

グリーンカーボン生態系とブルーカーボン生態系の比較

	グリーン	ブルー
場所	陸地	海洋沿岸
1ヘクタールあたりの貯留量	より少ない	より多い
被覆面積	2	3
貯留期間	4	5

放送内容　《生態系保全におけるブルーカーボン生態系の潜在力》

OK. What is blue carbon? You know, humans produce too much CO$_2$, a greenhouse gas. This creates problems with the earth's climate. But remember how trees help us by absorbing CO$_2$ from the air and releasing oxygen? Trees change CO$_2$ into organic carbon, which is stored in biomass. Biomass includes things like leaves and trunks. The organic carbon in the biomass then goes into the soil. This organic carbon is called "green" carbon. But listen! Plants growing on ocean coasts can also take in and store CO$_2$ as organic carbon in biomass and soil—just like trees on dry land do. That's called "blue" carbon.

Blue carbon is created by seagrasses, mangroves, and plants in saltwater wetlands. These blue carbon ecosystems cover much less surface of the earth than is covered by green carbon forests. However, they store carbon very efficiently—much more carbon per hectare than green carbon forests do. <u>The carbon in the soil of the ocean floor is covered by layers of mud, and can stay there for millions of years.</u> <u>In contrast, the carbon in land soil is so close to the surface that it can easily mix with air, and then be released as CO_2.</u>

Currently the blue carbon ecosystem is in trouble. For this ecosystem to work, it is absolutely necessary to look after ocean coasts. For example, large areas of mangroves are being destroyed. When this happens, great amounts of blue carbon are released back into the atmosphere as CO_2. <u>To avoid this, ocean coasts must be restored and protected.</u> Additionally, healthy coastline ecosystems will support fish life, giving us even more benefits.

訳　　では，ブルーカーボンとは何でしょう？　ご存じのとおり，人間はかなりの量の二酸化炭素，つまり温室効果ガスを排出しています。このことが地球の気候に問題を引き起こしているのです。しかし，樹木が大気中の二酸化炭素を吸収し，酸素を放出することで我々人間に役立ってくれている仕組みを覚えていますか？<u>樹木は二酸化炭素を有機炭素に変え，その有機炭素はバイオマス中に貯留されます</u>。バイオマスには木の葉や木の幹といったものがあります。<u>バイオマス中の有機炭素はその後，土壌へと入っていきます</u>。この有機炭素が「グリーン」カーボンと呼ばれるものです。ですが，よく聞いてください！　<u>海洋沿岸域に生育する植物もまた，</u>ちょうど陸地にある樹木がそうするように，<u>二酸化炭素を取り込み，その二酸化炭素をバイオマス中や土壌中の有機炭素として貯留することができるのです</u>。これが「ブルー」カーボンと呼ばれるものです。

　　ブルーカーボンは，海藻やマングローブ，そして塩性湿地に生育する植物により生成されます。<u>これらのブルーカーボン生態系が占める地表面積は，グリーンカーボンを担う森林面積に比べ，ずっと少ないのですが，ブルーカーボンは炭素を大変効率よく貯留します</u>。ブルーカーボンが1ヘクタールあたりに貯留する炭素量は，グリーンカーボンを担う森林が貯留する炭素量よりもはるかに多いのです。海底の土に含まれる炭素は泥の層に覆われているため，<u>何百万年にもわたって土の中に留まることができます</u>。対照的に，<u>陸地の土壌中の炭素はその地表に大変近い部分に存在しているため，炭素が簡単に大気に溶け込み，二酸化炭素として放出されてしまうのです</u>。

　　現在，ブルーカーボン生態系は窮地に陥っています。この生態系が機能するには，海洋沿岸域を整備することが不可欠です。例えば，マングローブ林の大部分が破壊されつつあります。こうなると，多量のブルーカーボンが大気中に再度，二酸化炭素として放出されてしまいます。<u>この事態を避けるには，海洋沿岸域を</u>

元の状態に戻し，保護しなければなりません。さらに，沿岸部の生態系が健全な状態になれば，魚類の生命を維持していくことにもなり，我々人間にさらに多くの恩恵がもたらされることになるでしょう。

◇ greenhouse gas「温室効果ガス」　◇ absorb「〜を吸収する」

◇ change *A* into *B*「*A* を *B* へと変える」

◇ organic carbon「有機炭素」　◇ store「〜を貯留する」

◇ biomass「バイオマス（生物由来の再利用可能な有機資源）」　◇ trunk「幹」

◇ ocean coast「海洋沿岸域」　◇ take in 〜「〜を取り込む」

◇ dry land「（海に対する）陸地」　◇ seagrass「海藻」

◇ saltwater wetland「塩性湿地（海水に覆われる湿地）」　◇ ecosystem「生態系」

◇ surface of the earth「地表」　◇ efficiently「効率よく」

◇ hectare「ヘクタール（単位）」　◇ ocean floor「海底」　◇ layer「層」

◇ mud「泥」　◇ millions of 〜「何百万もの〜」　◇ in contrast「対照的に」

◇ absolutely「絶対的に」　◇ atmosphere「大気」　◇ avoid「〜を避ける」

◇ restore「〜を復元する」　◇ coastline「沿岸部」

問1　　1　　正解は④

① （グリーンカーボンもしくはブルーカーボン）という有機炭素を分解する

② 炭素を（グリーンカーボンもしくはブルーカーボン）という二酸化炭素に変える

③ 酸素を生成し，その酸素を（グリーンカーボンもしくはブルーカーボン）として放出する

④ 二酸化炭素を取り込み，それを（グリーンカーボンもしくはブルーカーボン）として貯留する

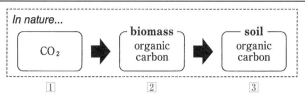

第1段第6文 Trees change CO_2 into organic carbon, which is stored in biomass. が上記1➡2，第8文 The organic carbon in the biomass then goes into the soil. が2➡3を指すことを確認。続く第9文 This organic carbon is called "green" carbon. から，2と3の organic carbon が green carbon だと判断できる。

さらに，第11文 Plants growing on ocean coasts can also take in and store CO_2

as organic carbon in biomass and soil「海洋沿岸域に生育する植物もまた…二酸化炭素を取り込み，その二酸化炭素をバイオマス中や土壌中の有機炭素として貯留することができる」は，①➡②➡③の流れを繰り返すものであり，同段最終文で That's called "blue" carbon. と述べられているので，blue carbon も green carbon と同じ流れでできるということがわかる。

これらより，CO_2 を take in「取り込む」➡store「貯留する」の流れを含む④が正解。①は break down「〜を分解する」，②は CO_2 called（green or blue carbon）「グリーンカーボンもしくはブルーカーボンと呼ばれる二酸化炭素」，③は release it（＝oxygen）as（green or blue carbon）「酸素をグリーンカーボンもしくはブルーカーボンとして放出する」の部分がそれぞれ内容に不一致。

問2〜5

①	より広い	②	より狭い	③	同じ
④	より長い	⑤	より短い	⑥	不明

$\boxed{2}$ 正解は① $\boxed{3}$ 正解は②

空所左の Area of coverage から cover する area＝面積に関する情報と考え，①，②，③，⑥に絞りたい。第2段第2文 These blue carbon ecosystems cover much less surface of the earth than is covered by green carbon forests.「これらのブルーカーボン生態系が占める地表面積は，グリーンカーボンを担う森林面積に比べ，ずっと少ない」より，面積は Green ＞ Blue となる。much less の much は less「より少ない」（little の比較級）の強調表現。much less という表現は，不慣れだと，多いのか少ないのか一瞬わからなくなるという人も多いので，リスニングでは要注意。

$\boxed{4}$ 正解は⑤ $\boxed{5}$ 正解は④

空所左の Period of storage は store する period＝貯留期間。第2段第4文（The carbon in …）「海底の土に含まれる炭素は…何百万年にもわたって土の中に留まることができる」および第5文（In contrast, …）「対照的に，陸地の土壌中の炭素はその地表に大変近い部分に存在しているため，炭素が簡単に大気に溶け込み，二酸化炭素として放出されてしまう」より，貯留期間は Green ＜ Blue となる。同段第4文の stay や for millions of years「何百万年も」という表現から，貯留期間が長いということはわかるが，Green と Blue，どちらの話かよくわからなかった場合でも，続く第5文文頭の In contrast「対照的に」という表現から，第5文が第4文の carbon とは別の方の話であることがわかる。さらに，第5文中の the carbon in land soil が海中ではなく地上の炭素，つまり Green を指すと気付ければ，正解を導ける。

ブルーカーボン生態系の潜在力

◇人間：環境問題を引き起こす

　　　どのようにして？　⇒　あまりに多くの**二酸化炭素**を排出する
　　　　　　　　　　　　　　　　　　＝温室効果ガス

自然界では…

二酸化炭素　➡　バイオマス　有機炭素　➡　土壌　有機炭素

◇植物：④二酸化炭素を取り込み，それをグリーンカーボンもしくはブルー
　　　　カーボンとして貯留する

グリーンカーボン生態系とブルーカーボン生態系の比較

	グリーン	ブルー
場所	陸地	海洋沿岸
1ヘクタールあたりの貯留量	より少ない	より多い
被覆面積	①　より広い	②　より狭い
貯留期間	⑤　より短い	④　より長い

問6　正解は②

① なくてはならないブルーカーボン生態系は，破壊されてしまい，替えがきかない。

② 海洋沿岸部の生態系は，さらなる二酸化炭素の放出を防ぐために保護されるべきである。

③ 海洋全体の生態系を取り戻すことが気候問題の解決につながるだろう。

④ ブルーカーボンの循環を向上させるには，魚類の生命を維持していくことが重要である。

最終段第5文 To avoid this, ocean coasts must be … protected.「この事態を避けるには海洋沿岸域を…保護しなければならない」の this は，直前の第3・4文（For example, large …）のマングローブの破壊により多量のブルーカーボンが二酸化炭素として大気中に放出される事態を指す。この内容は②に一致する。

①blue carbon ecosystems … cannot be replaced「ブルーカーボン生態系は…替えがきかない」は講義の中で言及なし。

③the ecosystem of the <u>entire</u> ocean「海洋<u>全体</u>の生態系」の部分が講義の中で言及なし。

④Supporting fish life と improving the blue carbon cycle の関係が，最終段最終文「海洋沿岸部の生態系が健全な状態になれば，魚類の生命を維持していくことになる」と逆になってしまっているため，不適。

問7　正解は③

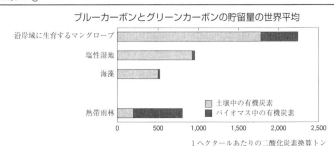

① 塩性湿地では，バイオマスよりも土壌からの方が二酸化炭素が排出されやすい。

② 海洋沿岸部に生息するマングローブでは，バイオマスよりも泥の層からの二酸化炭素排出量の方が少ない。

③ 海藻は，バイオマス中よりも土壌中の方が長期間にわたり炭素をより効率よく貯留できる。

④ 熱帯雨林は，そのバイオマスが理由で，炭素を貯留するには理想的である。

放送内容　《生態系別の有機炭素貯留量比較》

　Look at this graph, which compares blue and green carbon storage. Notice how much organic carbon is stored in each of the four places. The organic carbon is stored in soil and in biomass but in different proportions. What can we learn from this?

訳　ブルーカーボンとグリーンカーボンの貯留量を比較したこのグラフを見てください。4つの場所それぞれに貯留されている有機炭素の量に注目してください。有機炭素は土壌中とバイオマス中のどちらにも貯留されますが，その割合は異なります。このことから何がわかりますか？

◇ storage「貯留（量）」　◇ notice「～に注目する」　◇ proportion「割合」

①グラフの題名（Global Averages for Blue and Green <u>Carbon Storage</u>）から，このグラフは「（有機）炭素の貯留量」を比較したものであると判断できる。よって release CO$_2$ more easily と，CO$_2$ の排出のしやすさを比較している①は不適。

②は release less CO₂ が CO₂ 排出量を比較しているため，不適。①の解説参照。

③は offer more efficient long-term carbon storage「長期にわたり炭素をより効率よく貯留できる」より，グラフで比較されている炭素貯留量に関する記述である点が一致している。グラフの上から3つ目の棒グラフ（Seagrasses）を確認すると，土壌中の有機炭素の量の方がバイオマス中よりも圧倒的に多いことが読み取れる。また，前半の講義の第2段第1文 Blue carbon is created by seagrasses … で，ブルーカーボンを生成するものの一つに Seagrasses は挙げられており，同段第3・4文（However, they store …）に，ブルーカーボンが炭素を効率よく長期間貯留することも述べられているため，③が正解。

④Tropical Forests のグラフを確認。バイオマス中の炭素量は最も多いが，全体的な炭素貯留量は4カ所中3位である。よって，炭素を貯留するのに理想的とは言えない。

66

① ワークシートを読んで講義の概略を把握し，まずは空所にどんな情報を埋めなければならないかをチェックする。その後，問6の選択肢にできるだけ（名詞だけでも）目を通す。
✔ 問1：Gig Work の特徴を聞き取る。選択肢は①individual ／ regular salary，②job opportunities ／ platform developers，③temporary work／independent workers，④not determined by the period あたりを見ておく。
✔ 問2・3：Gig Work の利点について，企業側と労働者側を区別して聞き取る。
✔ 問4・5：Gig Work がどのように拡大するか（しているか）を聞き取る。
② 音声を聞きながらワークシートを埋める。聞き取ったキーワードを簡単にメモして，後で選択肢と照合する。
✔ ワークシートは，放送内容の3分の2程度の要約で，問6は残りの3分の1の情報から問われることになる。よって，残りの3分の1についてもメモを取っておく。
✔ ワークシートや選択肢は巧妙に言い換えられているため，放送内容を抽象化したり，推測したり，消去法で解答したりする。
③ 問6まで解き終えたら，速やかに問7のグラフや選択肢に目を通しておく。
✔ 問7：雇用主は西洋諸国，労働者はアジアの新興国に多いという特徴を掴む。

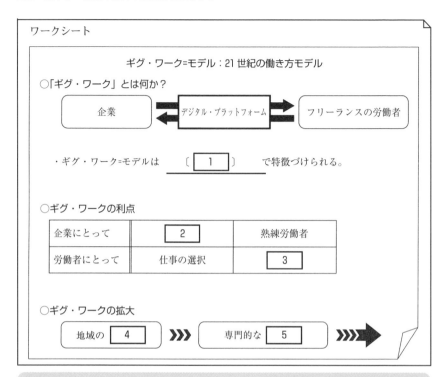

ワークシート

ギグ・ワーク=モデル：21 世紀の働き方モデル

○「ギグ・ワーク」とは何か？

企業 　←→ デジタル・プラットフォーム →　フリーランスの労働者

・ギグ・ワーク=モデルは 〔 1 〕 で特徴づけられる。

○ギグ・ワークの利点

企業にとって	2	熟練労働者
労働者にとって	仕事の選択	3

○ギグ・ワークの拡大

地域の 4 ⟫⟫ 専門的な 5 ⟫⟫

放送内容 《新しい働き方に関する講義》

Today I'll introduce a recent work model based on "gig work." Do you know this term? This model utilizes the spread of smartphones and the internet. It enables businesses to connect with and hire freelance workers through digital platforms. These workers are called gig workers, who do individual jobs, or gigs, on short-term contracts.

Let's look at some benefits of the gig work model. This model is attractive to companies because they can save on operating costs, and they can easily hire a more skilled workforce through digital platforms. The workers have the opportunity to control the numbers and types of projects according to their preferences, with the freedom to choose their schedule and workload. However, their income can be unstable because it is based on individual payments instead of a regular salary.

The gig work model is expanding to include various types of work. It has become common for local service jobs such as taxi and delivery drivers. There is now increasing demand for highly specialized project work, not only domestically but also internationally. For example, a company that needs help with its advertising can hire international consultants who work remotely in different countries. In fact, a large number of U.S. companies are already taking advantage of digital platforms to employ an international workforce.

The gig work model is challenging us to rethink the concepts of permanent employment, and full-time and part-time work. Working on a contract basis for multiple companies may give gig workers additional income while maintaining their work-life balance. As more and more people enter the gig job market, this work model will undoubtedly expand as a work model for future generations.

訳　　今日は「ギグ・ワーク」を基にした，最近の働き方のモデルを紹介します。みなさんはこの言葉を知っていますか？　このモデルは，スマートフォンやインターネットの普及を活用したものです。そのおかげで，企業はデジタル・プラットフォームを通じてフリーランスの労働者と連絡をとり，雇うことができます。このような労働者は，個々の仕事，つまりギグを短期契約で行う，ギグ・ワーカーと呼ばれています。

　　ギグ・ワーク＝モデルの利点をいくつか見てみましょう。このモデルが企業にとって魅力的なのは，運営経費を節約でき，デジタル・プラットフォームを通じてより熟練した労働力を簡単に雇えるからです。労働者にはスケジュールと仕事量を選択する自由があるので，自分の好みに合わせて仕事の数と種類を調整する機会があります。しかし，彼らの収入は不安定です。定給ではなく一つ一つの仕事に対しての支払いが基本だからです。

　　ギグ・ワーク＝モデルはさまざまな業種を含むように拡大しています。タクシーや配達員といった地域のサービス業では当たり前になりました。現在，国内だけでなく国際的にも，高度に専門化したプロジェクト業務に対する需要が増しています。たとえば，広告に関して手助けが必要な企業は，別の国々に住み，離れて仕事をしている国際的なコンサルタントを雇うことができます。実際，アメリカの多数の企業がすでに，国際的な労働力を採用するのに，デジタル・プラットフォームを利用しています。

　　ギグ・ワーク＝モデルは，私たちに終身雇用，正規労働，パート労働という考えを再考するように促しています。契約に基づいてさまざまな企業で働くことで，ギグ・ワーカーは仕事と生活のバランスを維持しながら副収入を得られるかもしれません。ますます多くの人たちがギグ・ジョブ市場に参入するにつれて，この労働モデルは将来の世代の労働モデルとして，間違いなく拡大していくでしょう。

第4章

◇ utilize「〜を利用する」 ◇ business「企業」 ◇ freelance「自由契約の」
◇ contract「契約」 ◇ operating costs「運営経費」 ◇ workload「仕事量」
◇ domestically「国内で」
◇ take advantage of 〜「〜（の良いところ）を利用する」
◇ challenge *A* to *do*「*A*に〜するように促す」 ◇ on a … basis「…に基づいて」
◇ multiple「多様な」 ◇ additional income「副収入」

問1 ☐1☐ 正解は③

① 定給で完遂されなくてはならない個々の仕事
② デジタル・プラットフォームの開発者に開かれた仕事の機会
③ 独立した労働者によって行われる短期的仕事
④ 契約期間に縛られない働き方

第1段第4文（It enables businesses …）に「企業は…フリーランスの労働者…を
雇う」，続く最終文（These workers are …）に「このような労働者は，個々の仕事，
つまりギグを短期契約で行う，ギグ・ワーカーと呼ばれている」とある。ギグ・ワー
クの特徴としては，③「独立した労働者によって行われる短期的仕事」が適切。

問2〜5

① 広告 ② 融通の利く労働時間
③ より少ない経費 ④ プロジェクト業務
⑤ サービス業 ⑥ 安定した収入

☐2☐ 正解は③ ☐3☐ 正解は②

第2段第2文（This model is attractive …）に「このモデルが企業にとって魅力
的なのは，運営経費を節約でき…るからだ」とある。☐2☐には③が当てはまる。
同段第3文（The workers have …）に「労働者にはスケジュール…を選択する自
由がある」とあることから，☐3☐には②が当てはまる。

☐4☐ 正解は⑤ ☐5☐ 正解は④

第3段第2文（It has become common …）に「タクシーや配達員といった地域の
サービス業では当たり前になった」とある。☐4☐には⑤が適切。同段第3文
（There is now …）に「現在…高度に専門化したプロジェクト業務に対する需要が
増している」とあることから，☐5☐には④が当てはまる。

問6　正解は④

> ① 企業は，終身雇用によって熟練度のより高い労働者を育てることができる。
> ② ギグ・ワーカーは，副収入を確保するために，仕事と生活のバランスを犠牲にしている。
> ③ 契約がないことが，企業と労働者を結びつけるのには主な障害である。
> ④ ギグ・ワーク=モデルは，社会が労働をどのように見るかに関する新しい議論を押し進めている。

第4段第1文（The gig work model is …）に「ギグ・ワーク=モデルは，私たちに終身雇用，正規労働，パート労働という考えを再考するように促している」とある。この内容に相当するのが④である。

①は，これに相当する事柄は述べられていない。

②・③は，第4段第2文（Working on a contract …）に「契約に基づいてさまざまな企業で働くことで，ギグ・ワーカーは仕事と生活のバランスを維持しながら副収入を得られるかもしれない」とあることに反する。少なくとも，それぞれをはっきり裏づける内容は述べられていない。

ワークシート

ギグ・ワーク=モデル：21世紀の働き方モデル

○「ギグ・ワーク」とは何か？

企業　⇄　デジタル・プラットフォーム　⇄　フリーランスの労働者

・ギグ・ワーク=モデルは〔③独立した労働者によって行われる短期的仕事〕で特徴づけられる。

○ギグ・ワークの利点

企業にとって	③より少ない経費	熟練労働者
労働者にとって	仕事の選択	②融通の利く労働時間

○ギグ・ワークの拡大

 地域の⑤サービス業　≫≫≫　専門的な④プロジェクト業務 ≫≫≫

問7　正解は④

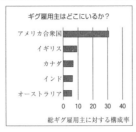 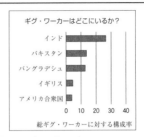

① 南アジア諸国のギグ・ワーカーの大半は，専門度が高い。

② カナダとアメリカ合衆国は，オンライン・プラットフォームのサービスに関して競争している。

③ ギグ・ワークの世界的な需要は，働ける労働者の数よりも大きい。

④ 国境を越えて労働者を容易に雇えることは，ギグ・ワークの利点である。

放送内容 《ギグ・ワークに関する上位国の比較》

　The growing effects of gig work on employment and markets differ regionally. Look at the two graphs containing data from the major English-language online labor platforms. They show the top five countries in terms of percentages of all gig employers and gig employees. What trend can we see here?

訳　　ギグ・ワークの雇用と市場への影響は増大していますが，それは地域によって異なります。主要な英語のオンライン労働プラットフォームからのデータを含む2つのグラフを見てください。グラフはギグ雇用主とギグ労働者全体に対する割合の上位5カ国を示しています。どのような傾向が見て取れるでしょうか。

◇ regionally「地域的に」　◇ in terms of ～「～という観点で（の），～に関して」

雇用主の上位3カ国はアメリカ合衆国，イギリス，カナダと西洋諸国である。それに対し，労働者の上位3カ国はインド，パキスタン，バングラデシュとアジアの新興国や途上国である。ギグ・ワークでは，雇用主と労働者の居住地が異なるとわかる。また，講義前半第3段第4文（For example, a company …）に「手助けが必要な企業は，別の国々に住み，離れて仕事をしている国際的なコンサルタントを雇うことができる」とある。これらから言えることとしては，④が正解。

雇用主と労働者について，それぞれどの国にいる割合が高いかを示すグラフだけでは，労働者の質（①），国同士の競争（②），需要と供給のバランス（③）はわからない。

67

> ① 問1の「状況」・問いに目を通して，何が問われているかを把握する。
> ✔ carbohydrates について，それぞれの学生が意見を述べる際の表現に注意する。「賛成」している学生が誰かを聞き分ける必要があるが，単純に「賛成」「反対」と明言しているわけではないことに注意が必要である。
> ② 問2の各グラフのタイトルに目を通して，内容を把握する。
> ✔ グラフなどのデータは自分の意見に説得力を持たせるためのものなので，学生がどのグラフを用いれば自分の意見を補強できるかを考える必要がある。

Part 1　問1　正解は①，④

放送内容　《炭水化物の積極的摂取の賛否》

Student 1

Test season is in a few weeks, and <u>carbohydrates are the preferred source of energy for mental function</u>. I think rice, potatoes, pasta and bread are good brain food! You are what you eat!

Student 2

Many people try to reduce the fat in their diet, but instead they should lower the amount of carbohydrates they eat. In one study, <u>people on a high carbohydrate diet had an almost 30% higher risk of dying</u> than people eating a low carbohydrate diet.

Student 3

The necessary calories for the body can be taken in from protein and fat, which are included in foods such as meat and nuts. The body requires these for proper functioning. <u>Protein and fat previously stored in the body can be used as a more reliable source of energy than carbohydrates</u>.

Student 4

Well, as an athlete, I need to perform well. My coach said that long distance runners need carbohydrates to increase stamina and speed up recovery. <u>Carbohydrates improve athletic performance</u>. Athletes get less tired and compete better for a longer period of time.

訳　学生1

テスト期間まであと数週間です。そして、**炭水化物は精神機能にとって好ましいエネルギー源です**。米、ジャガイモ、パスタ、パンは脳にとってよい食べ物だと思います！　人の健康は食べ物次第！

学生2

食事に含まれる脂質を減らそうとしている人が多くいますが、そういった人々は代わりに、炭水化物の摂取量を抑えるとよいです。ある研究では、**炭水化物の多い食事を摂っている人**は炭水化物の少ない食事を摂っている人と比べると、**死亡するリスクが30％近く高かった**そうです。

学生3

体にとって必要なカロリーはたんぱく質や脂質から取り入れられ、それらは肉や木の実類といった食べ物に含まれています。体は適切に機能するためにこういった食べ物を必要としています。**あらかじめ体に蓄えられたたんぱく質や脂質は炭水化物よりも確実なエネルギー源として使用されます**。

学生4

さて、運動選手として、私はよい成績を収めなければなりません。長距離走の選手はスタミナをつけたり、回復のスピードを上げたりするのに炭水化物が必要であると私のコーチは言っていました。**炭水化物は運動能力を上げてくれます**。運動選手は疲れにくくなり、より長い時間、よりよい状態で競うことができます。

◇ mental function「精神機能」
◇ You are what you eat.「(諺) 人の健康や性格は食事で決まる」
◇ diet「食事」　◇ take in ～「～を取り入れる」　◇ protein「たんぱく質」
◇ functioning「機能を果たすこと」　◇ previously「前もって、以前は」
◇ store「～を蓄える」　◇ reliable「信頼できる、確実な」

学生1は発言第1文後半で「炭水化物は精神機能にとって好ましいエネルギー源です」と述べているため、賛成。学生2は発言第2文で炭水化物多量摂取による死亡率の増加について述べているため、反対。学生3は最終文で炭水化物よりもたんぱく質や脂質の方がエネルギー源として確実であると述べているため、反対。学生4は発言第3文で「炭水化物は運動能力を上げてくれます」と述べているため、賛成。よって、賛成意見を述べているのは①学生1、④学生4である。

Part 2　問2　正解は①

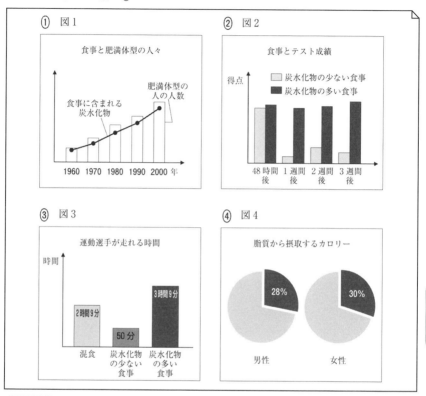

放送内容　《炭水化物多量摂取による悪影響》

If I eat a high carbohydrate diet, I tend to get hungry sooner and then eat snacks. Also, I read snacks raise the sugar levels in the blood, and the ups and downs of blood sugar lead to eating continuously. This makes you gain excessive weight.

訳　炭水化物の多い食事を摂ると，私は比較的早めにお腹がすいてしまい，おやつを食べてしまいがちになります。また，おやつは血糖値を上げ，さらに，血糖値が上がり下がりすることにより，途切れることなく食べ続けてしまうことにつながる，と読んだことがあります。このせいで，過度に体重が増えてしまうのです。

◇ sugar level（s）in the blood「血糖値」　◇ ups and downs「上昇と下降」
◇ continuously「続けて」　◇ gain weight「太る」　◇ excessive「過度の」

第1文前半「炭水化物の多い食事を摂ると」に始まり，最終文「過度に体重が増えてしまう」といった部分から，炭水化物の積極的摂取に対しては反対の意見であるとわかる。また，炭水化物の摂取量が多いことが体重増加につながるという内容であることから，①が正解。

68

① 「状況」・問いに目を通して，何が問われているかを把握する。問2はグラフタイトルにも目を通しておく。
② 4人の話者の発話を聞き分けながらメモをし，話者の立場を整理する。

✔ 誰が発言しているのかは，話者が互いの名前を呼ぶときにメモをすることになる。ただし，問1では「人名」ではなく「人数」が問われているので，「男性何名，女性何名」というように把握すればよい。
✔ Yasuko のように賛否を明らかにしていない話者もいるため，引っかからないように注意しなくてはならない。
✔ 問2：Luke がどのグラフを用いれば彼の意見を補強できるかを考える必要がある。

放送内容　《レシートの電子化》

Yasuko : Hey, Kate! You dropped your receipt. Here.

Kate : Thanks, Yasuko. It's so huge for a bag of chips. What a waste of paper!

Luke : Yeah, but look at all the discount coupons. You can use them next time you're in the store, Kate.

Kate : Seriously, Luke? Do you actually use those? It's so wasteful. Also, receipts might contain harmful chemicals, right Michael?

Michael : Yeah, and that could mean they aren't recyclable.

Kate : See? We should prohibit paper receipts.

Yasuko : I recently heard one city in the US might ban paper receipts by 2022.

Luke : Really, Yasuko? But how would that work? I need paper receipts as proof of purchase.

Michael : Right. I agree. What if I want to return something for a refund?

Yasuko : If this becomes law, Michael, <u>shops will issue digital receipts via email</u> instead of paper ones.

Kate : <u>Great</u>.

Michael : Really? Are you OK with giving your private email address to strangers?

Kate : Well... yes.

Luke : Anyway, <u>paper receipts are safer</u>, and <u>more people would rather have them</u>.

Yasuko : <u>I don't know what to think</u>, Luke. You could request a paper receipt, I guess.

Kate : No way! <u>There should be NO paper option</u>.

Michael : <u>Luke's right. I still prefer paper receipts</u>.

訳

ヤスコ：ちょっと，ケイト！　レシートを落としたわよ。はい，どうぞ。

ケイト：ありがとう，ヤスコ。ポテトチップ1袋にしては，大きなレシートね。紙の無駄だわ！

ルーク：そうだね，でもこの諸々の割引クーポンを見なよ。次に店に来たらそれが使えるよ，ケイト。

ケイト：ルーク，本気なの？　本当にそういうのを使うの？　無駄が多いわよ。それにレシートには有害な化学物質が含まれているかもしれないのよ，マイケル，そうでしょ？

マイケル：そうだよ，それはリサイクルできないということになる可能性があるね。

ケイト：ほらね。紙のレシートは禁止すべきだわ。

ヤスコ：アメリカのどこかの市が 2022 年までに紙のレシートを禁止するかもしれないって，最近聞いたわ。

ルーク：ヤスコ，本当に？　でもそれってどうやったら上手くいくんだろう？　僕は買った証拠に紙のレシートがいるなあ。

マイケル：そうだよ。僕は賛成。何か返品して返金してもらいたかったらどうなるの？

ヤスコ：マイケル，これが法律になったら，店は紙のレシートの代わりに，<u>メールでデジタルレシートを発行する</u>のよ。

ケイト：<u>すごーい</u>。

マイケル：そうなの？　個人のメールアドレスを知らない人に教えるのって，君は大丈夫？

ケイト：うーん…大丈夫よ。

ルーク：いずれにしても，<u>紙のレシートのほうが安全</u>だし，<u>そっちがいいと言う人のほうが多い</u>よ。

ヤスコ：<u>私，どう考えればいいかわからないわ</u>，ルーク。あなたは紙のレシートをくださいって言うのよね。

ケイト：とんでもないわ！　<u>紙の選択もできるなんてだめ</u>よ。

マイケル：<u>ルークが正しいよ</u>。僕はまだ紙のレシートのほうがいいな。

◇ purchase「購入」　◇ issue「～を発行する」

◇ no way「とんでもない，冗談じゃない」

問1　正解は①

①	1人	②	2人	③	3人	④	4人

レシートの電子化の話は，ヤスコの3番目の発言（If this becomes law, …）で初めて出てくる。直後のケイトの4番目の発言は「すごい」と肯定的な反応になっている。ケイトの最後の発言第2文（There should be …）でも「紙の（レシートの）選択はあるべきではない」と述べている。ケイトはレシートの電子化に賛成している。ルークの最後の発言（Anyway, paper receipts …）には「紙のレシートのほうが安全だ」とあり，マイケルの最後の発言（Luke's right. …）では「ルークが正しい。僕はまだ紙のレシートのほうがいい」とある。ルークとマイケルはレシートの電子化に反対していることがわかる。ヤスコはレシートの電子化の話を出した本人だが，最後の発言（I don't know …）で「どう考えればいいかわからない」と述べており，賛否は明らかにしていない。以上から，明らかにレシートの電子化に賛成しているのはケイト1人である。①が正解。

問2　正解は②

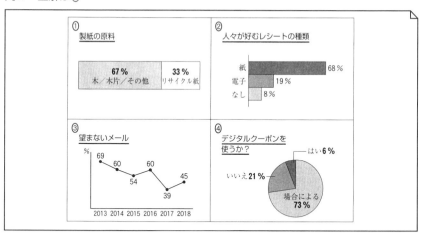

ルークの最後の発言（Anyway, paper receipts …）後半に「そっち（＝紙のレシート）がいいと言う人のほうが多い」とある。②が正解。

第4章

69

① 「状況」・問いに目を通して，何が問われているかを把握する。問2はグラフタイトルにも目を通しておく。

② 4人の話者の発話を聞き分けながらメモをし，話者の立場を整理する。

✔ 誰が発言しているのかは，話者が互いの名前を呼ぶときにメモをすることになる。ただし，問1では「人名」ではなく「人数」が問われているので，「男性何名，女性何名」というように把握すればよい。

✔ 問1：「**会話が終わった時点で**，選挙の投票に行くことに積極的でなかった人」という表現に注意。意見が途中で変わる可能性もあるので，最初の意見だけで判断をしないようにしよう。

✔ 問2：Helen がどのグラフを用いれば彼女の意見を補強できるかを考える必要がある。また，複数の発言から Helen の意見を要約する力が求められる。

放送内容　《選挙の投票に行くかどうか》

Brad : Hey, Kenji. Did you vote yet? The polls close in two hours.

Kenji : Well, Brad, who should I vote for? I don't know about politics.

Brad : Seriously? You should be more politically aware.

Kenji : I don't know. It's hard. How can I make an educated choice? What do you think, Alice?

Alice : The information is everywhere, Kenji! Just go online. Many young people are doing it.

Kenji : Really, Alice? Many?

Brad :　Either way, you should take more interest in elections.

Kenji : Is everybody like that? There's Helen. Let's ask her. Hey Helen!

Helen : Hello, Kenji. What's up?

Kenji : Are you going to vote?

Helen : Vote? We're only twenty. Most people our age don't care about politics.

Alice : Being young is no excuse.

Helen : But unlike older people, I'm just not interested.

Brad : Come on, Helen. Let's just talk. That might change your mind.

Alice : Brad's right. Talking with friends keeps you informed.

Kenji : Really? Would that help?

Brad : It might, Kenji. We can learn about politics that way.

Alice : So, Kenji, are you going to vote or not?

Kenji : Is my one vote meaningful?

Alice : Every vote counts, Kenji.

Helen : I'll worry about voting when I'm old. But do what you want!

Kenji : OK, I'm convinced. We've got two hours. Let's figure out who to vote for!

訳

ブラッド：やあ，ケンジ。君はもう投票した？　投票所はあと 2 時間で閉まるよ。

ケンジ：いやー，ブラッド，誰に投票したらいいんだよ？　政治についてはよくわかってもいないのに。

ブラッド：本気で言ってる？　君はもっと政治意識を持つべきだよ。

ケンジ：どうだろうねえ。政治って難しいしね。よく理解した上で決めるなんて，どうやったらできるのさ？　アリス，君はどう思う？

アリス：情報なんてどこにでもあるわよ，ケンジ！　とにかく，インターネットを開いてみなさいよ。そうしている若者なんてたくさんいるわ。

ケンジ：本当なの，アリス？　そんなにたくさん？

ブラッド：いずれにしろ，君はもっと選挙に関心を持ちなよ。

ケンジ：みんなそんな感じなの？　ヘレンがいるじゃないか。彼女に聞いてみよう。やあ，ヘレン！

ヘレン：こんにちは，ケンジ。どうしたの？

ケンジ：君は投票に行くの？

ヘレン：投票？　私たち，まだ 20 歳よ。私たちと同じ年の人はほとんどが政治に興味なんてないわよ。

アリス：若いってことは言い訳にはならないわ。

ヘレン：でも，お年寄りの人たちと違って，私は全く興味がないのよ。

ブラッド：何言ってるんだよ，ヘレン。とにかく話をしようよ。そうすれば君も考えが変わるかもしれないよ。

アリス：ブラッドの言うとおりよ。友達と話すことでいろんなことを知ることができるわ。

ケンジ：本当？　それって役に立つの？

ブラッド：役立つかもしれないよ，ケンジ。そんなふうにして一緒に政治について学べばいいじゃないか。

アリス：さあ，ケンジ，投票には行くの？　行かないの？

ケンジ：僕の一票に意味があるの？

アリス：どの票にも価値があるのよ，ケンジ。

ヘレン：年を取れば，私も選挙のことが気にかかるようになるとは思うわ。で

第4章

　　　　　　　も，みんな自分のしたいようにするべきよ！
　　ケンジ：よし，わかった。まだ2時間ある。誰に投票するべきか考えよう！

◇ vote「投票する」　◇ the polls「投票所」　◇ politics「政治」
◇ be politically aware「政治意識を持つ」　◇ educated「知識に基づいた」
◇ either way「いずれにしろ」　◇ election「選挙」
◇ care about ～「～に関心を持つ」　◇ excuse「言い訳，口実」
◇ change one's mind「心変わりする」
◇ keep A informed「Aに随時情報を与える」
◇ that way「そんなふうに」　◇ meaningful「意味のある」
◇ count「重要である」　◇ convinced「確信した」
◇ figure out ～「～を考え出す」

問1　正解は①

① 1人	② 2人	③ 3人	④ 4人

投票に行ったか問われたケンジは1つ目の発言で I don't know about politics.「政治についてはよくわからない」と答えているため，積極的とは言えない。ブラッドはそんなケンジに2つ目の発言で You should be more politically aware.「君はもっと政治意識を持つべきだ」とケンジを批判しているので，積極的と言える。アリスは政治に関する情報不足を理由にブラッドに反論するケンジに意見を求められ，1つ目の発言で The information is everywhere, Kenji!「情報なんてどこにでもあるわよ，ケンジ！」と，ケンジをさらに追いつめていることから，積極的と言える。ヘレンは3つ目の発言で I'm just not interested. と述べているので，積極的とは言えない。ここまでなら②を選びたいが，ブラッドとアリスに説得されたケンジの最後の発言 We've got two hours. Let's figure out who to vote for!「まだ2時間ある。誰に投票するべきか考えよう！」から，投票したい人を決めて選挙に行く考えに変わっていることがわかる。ケンジが投票に積極的になったと言えるので，①が正解。

問2　正解は①

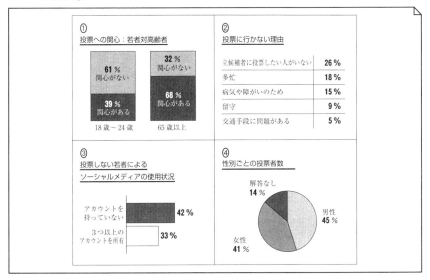

ヘレンの2つ目の発言第2・3文 We're only twenty. Most people our age don't care about politics. 「私たち，まだ20歳よ。私たちと同じ年の人はほとんどが政治に関心なんてないわよ」，3つ目の発言 unlike older people, I'm just not interested. 「お年寄りの人たちと違って，私は全く興味がないのよ」，4つ目の発言第1文 I'll worry about voting when I'm old. 「年を取れば，私も選挙のことが気にかかるようになるとは思うわ」から，若者は政治や選挙に関心がなく，高齢者はある，というのがヘレンの意見だとわかる。若者と高齢者について，投票への関心がある人とない人の割合を比較した①が正解。

第4章

70

① 「状況」・問いに目を通して，何が問われているかを把握する。問2はグラフタイトルにも目を通しておく。
② 4人の話者の発話を聞き分けながらメモをし，話者の立場を整理する。

✔ 誰が発言しているのかは，話者が互いの名前を呼ぶときにメモをすることになる。ただし，問1では「人名」ではなく「人数」が問われているので，「男性何名，女性何名」というように把握すればよい。

✔ 問2：Brian がどのグラフを用いれば彼の意見を補強できるかを考える必要がある。

POINT

放送内容 《環境保護と地元の経済》

Anne : Hey, Brian. Look at that beautiful red coral necklace. Ooh... expensive.

Brian : Anne, red coral is endangered. They shouldn't be selling that.

Anne : So, how are they going to make money?

Brian : There're lots of ways to do that if we consider ecotourism.

Anne : Yeah... ecotourism.... What do you think, Donna?

Donna : Well, Anne, ecotourism supports the local economy in a good way while protecting the environment.

Brian : Right. So, we shouldn't buy coral; it'll become extinct.

Anne : Oh, come on, Brian. How about the people relying on the coral reefs?

Brian : But, Anne, those coral reefs take millions of years to regrow. We should support more sustainable ways to make money.

Donna : Hey Hiro, didn't you buy some photos of coral reefs?

Hiro : Yeah, taken by a local photographer. They are beautiful.

Donna : That's ecotourism. We shouldn't impact the environment so much.

Hiro : But that's not enough to support people relying on coral reefs for income.

Brian : Hiro has a point. They should find other ways to make money while still preserving the reefs.

Anne : I'm not sure if we are in a position to tell them how they should make their money.

Hiro : Anne's right. Selling coral is their local tradition. We should respect that.

Donna : But, at the expense of the environment, Hiro?

Hiro : <u>The environment is important, but if we protect it, I don't think the economy is supported</u>.

Brian : Anyway, we're on vacation. It's a nice day.

Donna : Let's hit the beach!

訳

アン：ねえ，ブライアン。あのきれいなアカサンゴのネックレスを見て。うわ…高い。

ブライアン：アン，<u>アカサンゴは絶滅の危機にさらされているんだよ</u>。あんなの売るべきじゃないな。

アン：じゃあ，どうやってお金を稼げばいいの？

ブライアン：<u>エコツーリズムを考えたら，その方法はたくさんあるよ</u>。

アン：あー…エコツーリズムね…。あなたはどう思う，ドナ？

ドナ：そうねえ，アン，<u>エコツーリズムは，環境を保護しながら地元の経済を支える良い方法よ</u>。

ブライアン：そのとおり。だからサンゴは買うべきじゃない。<u>絶滅しちゃうよ</u>。

アン：ちょっと，ブライアン。<u>サンゴ礁に頼っている人たちはどうなの</u>？

ブライアン：でもね，アン，サンゴ礁が再生するのには何百万年もかかるんだ。もっと持続可能な収入の手段を支援すべきじゃないかな。

ドナ：ねぇ，ヒロ，サンゴ礁の写真を買ったんじゃなかった？

ヒロ：買ったよ。地元のカメラマンが撮ったやつ。きれいでしょ。

ドナ：それはエコツーリズムね。<u>環境にあまり影響を与えるべきじゃないものね</u>。

ヒロ：でも，収入をサンゴ礁に頼っている人を支援するには，それじゃ足りないよね。

ブライアン：ヒロの言っていることには一理あるね。彼らは，サンゴ礁を保存しながらお金を稼ぐ他の方法を見つけなくちゃいけないな。

アン：私たち，彼らがお金をどうやって稼ぐべきか言える立場なのかしら。

ヒロ：アンの言うとおりだよ。サンゴを売るのは，地元の伝統だ。僕たちはそれを尊重すべきだよね。

ドナ：でも，環境を犠牲にして，よ，ヒロ？

ヒロ：<u>環境は大事だけれど，環境を保護したら，経済を支えられないと思うな</u>。

ブライアン：いずれにしても，僕たちは休暇中だよね。いい天気だし。

第4章

🔲　　　ドナ：海辺に行きましょう！

◇ extinct「絶滅した」

◇ Come on.「ちょっと，ねえ」　状況と言い方で，相手に対する不満や励ましなど，
　さまざまな意味で使われる。

◇ coral reef「サンゴ礁」　◇ regrow「再生する」　◇ have a point「一理ある」

◇ still「まだ，今までどおり」　◇ preserve「〜を保護する」

◇ at the expense of 〜「〜を犠牲にして」　◇ hit「〜に着く」

問1　正解は②

① 1人	② 2人	③ 3人	④ 4人

ブライアンの2番目の発言（There're lots of …）に「エコツーリズムを考えたら，
その方法（お金を稼ぐ方法）はたくさんある」，ドナの最初の発言（Well, Anne,
ecotourism …）に「エコツーリズムは，環境を保護しながら地元の経済を支える良
い方法だ」，同3番目の発言第2文（We shouldn't …）に「環境にあまり影響を与
えるべきではない」とある。一方，アンの4番目の発言第2文（How about …）に
「（サンゴを採れないなら）サンゴ礁に頼っている人たちはどうなのか」，ヒロの4番
目の発言（The environment is …）に「環境は大事だけれど，環境を保護したら，
経済を支えられないと思う」とある。ブライアンとドナはエコツーリズムに賛成して
いるが，アンとヒロはその効果に疑いを持っていることがわかる。正解は②。

問2　正解は②

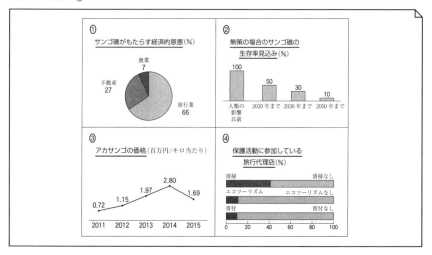

ブライアンの最初の発言第 1 文（Anne, red coral is …）に「アカサンゴは絶滅の危機にさらされている」，3 番目の発言第 2 文（So, we shouldn't …）に「サンゴが絶滅してしまうだろう」とあり，このままではサンゴが絶滅してしまうことに言及している。②が正解。

第 4 章